D1795745

Contenidos

I

Resumen

Cada año, una media de casi 250 millones de personas se ven afectadas por desastres 'naturales'.[1] Entre 1998 y 2007, el 98 por ciento de ellas sufrió las consecuencias derivadas de desastres relacionados con el clima, tales como sequías, inundaciones y de otros devastadores eventos, tales como los terremotos. Las investigaciones realizadas para este informe predicen que para el 2015 esta cifra podría aumentar en más de un 50 por ciento, hasta alcanzar unos 375 millones de afectados por desastres relacionados con el clima.[2]

Las predicciones de este tipo no son datos científicos precisos, pero lo que sí está claro es que muchas más personas podrán verse afectadas por los desastres en un futuro ya muy próximo, a medida que el cambio climático y la mala gestión del medio ambiente provocan una proliferación de sequías, desprendimientos de tierra, inundaciones y demás desastres localizados. Además, más personas serán vulnerables a los desastres debido a su pobreza y ubicación.[3]

En algunos casos, estos cambios medioambientales exacerbarán también la amenaza de nuevos conflictos, al provocar un mayor número de personas desplazadas y un aumento de las necesidades humanitarias. En un informe reciente se estimaba que 46 países afrontarán 'un alto riesgo de conflicto violento' debido a que el cambio climático exacerbará las amenazas tradicionales a la seguridad.[4] Ya existen pruebas de que el número de conflictos está experimentando una nueva tendencia al alza,[5] mientras que el riesgo de que los conflictos prolongados aumenten de manera vertiginosa las necesidades humanitarias quedó patente en 2008 con el nuevo brote de violencia en la región oriental de la República Democrática del Congo.

En resumen, para 2015, puede decirse que el nivel sin precedentes de necesidades humanitarias podría superar con creces la capacidad humanitaria actual.

Actualmente hay muchos gobiernos que no tienen capacidad para afrontar amenazas como las tormentas, las inundaciones y los terremotos. No responden con la suficiente rapidez o eficacia ante tales acontecimientos, ni toman medidas preventivas que impidan un mayor sufrimiento o muertes innecesarias. Es más, la propia actuación de algunos gobiernos y de los grupos de élite de determinados países pone en situación de riesgo ante los desastres a personas marginadas, discriminándolas, como aquellas que se ven obligadas a ocupar viviendas precarias en barrios marginales propensos a las inundaciones y a los desprendimientos de tierra.

Al mismo tiempo, la asistencia humanitaria internacional, a menudo lenta o inadecuada, y las reformas de mejora emprendidas por la ONU en 2005, no se han hecho notar hasta muy recientemente.

El reto

La magnitud del reto humanitario actual no tiene precedentes. Gobiernos nacionales, gobiernos donantes, agencias humanitarias y demás partes implicadas deben actuar para mejorar la calidad y la cantidad de la ayuda humanitaria. La existencia o no de la voluntad política para ello será uno de los rasgos definitorios de nuestro siglo y determinará el que millones de personas vivan o mueran.

Incluso en momentos económicos difíciles, el mundo puede permitirse cubrir las necesidades humanitarias de todas aquellas personas que se ven obligadas a luchar para sobrevivir al desastre. Reducir los riesgos derivados de las catástrofes relacionadas con el cambio climático es posible. Como posible también es que los gobiernos proporcionen ayuda de calidad a sus ciudadanos.

El coste de ofrecer una asistencia humanitaria digna a todos aquellos hombres, mujeres y niños que pudieran necesitarlo para 2015, representaría sólo una pequeña fracción de lo que los países ricos han gastado en la crisis financiera global desde 2008. Si todos los goviernos miembros de la Organización para la Cooperación y el Desarrollo Económico (OCDE) aportaran lo mismo (en términos per cápita) que aportaron los diez países más generosos de la OCDE en 2006, la ayuda humanitaria disponible a nivel global alcanzaría los 42.000 millones de dólares.[6] En 2008, los gobiernos europeos consiguieron 2,3 billones de dólares para apuntalar sus respectivos sectores financieros: sólo los gobiernos de Alemania y el Reino Unido emplearon 68.000 millones y 40.000 millones de dólares, respectivamente, para rescatar a tan sólo dos bancos, el *Hypo Real Estate* y el *Royal Bank of Scotland*.[7] Comparado con estas cifras, el coste de una ayuda adecuada para todas las personas necesitadas representaría una cantidad insignificante.

Los gobiernos de los países ricos también deben liderar la mitigación del impacto del cambio climático, un factor clave en el incremento del riesgo de desastres. En base a su responsabilidad (por las emisiones de gases de efecto invernadero) y su capacidad (de aportar recursos), los países ricos deben recortar las emisiones globales de manera que el calentamiento del planeta se mantenga sustancialmente por debajo de un incremento medio de 2º C, y deben aportar al menos 50.000 millones de dólares anuales a los países pobres como ayuda para la adaptación ante el cambio climático.

Pero también los gobiernos de los países en desarrollo deben asumir una responsabilidad mayor en la respuesta a los desastres y en la reducción de la vulnerabilidad de las personas a los mismos. El aumento de los desastres climáticos localizados afectará mucho más a personas de los países en desarrollo, dada la mayor vulnerabilidad de sus viviendas y de sus medios de vida. Por ello, los países en desarrollo deberán capacitar a las autoridades regionales y a la sociedad civil para que puedan responder de manera más eficaz.

Personas más vulnerables

Lo que determinará la supervivencia de millones de mujeres y hombres en el mundo será su grado de vulnerabilidad (quiénes son, dónde viven y los medios de vida de que disponen) más que los riesgos a los que se enfrentan *per se*. La vulnerabilidad ante amenazas como el conflicto o los desastres naturales (como las inundaciones y los terremotos) es consecuencia directa de la pobreza: de las decisiones políticas, la corrupción y la codicia que la provocan, y de la indiferencia política que permite su perpetuación.

Ogè Léandre, de 45 años de edad y padre de seis niños, se salvó de milagro en Gonaïves, población de Haití destrozada en 2008:

> *El agua subía y subía sin parar [...] llegó tan alto y tenía tanta fuerza que no pude seguir sujetando a una de mis hijas y el agua se la llevó. Por fortuna, otra persona pudo agarrarla. Conseguimos llegar al tejado del refugio [para huracanes] y al cabo de una hora vimos cómo el agua se llevaba la casa entera.* [8]

Las tormentas tropicales causaron estragos en Haití en 2008. Tan sólo en Gonaïves, donde las aguas arrastraron decenas de miles de infraviviendas mal construidas y mal ubicadas, casi una cuarta parte de la población quedó sin hogar.[9] En todo el mundo son las personas pobres las que mayor riesgo corren de morir o quedar en la indigencia como consecuencia de los desastres. En los países ricos, mueren de media 23 personas en un desastre concreto; en los países menos desarrollados la media asciende a 1.052 personas.[10] Y ello porque las personas pobres como Ogè y sus hijos suelen habitar viviendas precarias construidas sobre terrenos propensos a inundaciones, sequías y desprendimientos de tierra, en zonas que carecen de infraestructuras o servicios médicos eficaces. Algunos grupos, entre los que se encuentran mujeres y niñas, personas con enfermedades crónicas y personas mayores, son aún más vulnerables, ya que su capacidad de hacer frente a estas emergencias se ve limitada por la discriminación, la desigualdad o su estado físico. Tanto en situaciones de conflicto como en los desastres naturales, la vulnerabilidad de mujeres y niñas ante la violencia y los abusos sexuales aumenta a medida que se desintegran las familias y las comunidades y que las autoridades locales pierden el control de la ley y el orden.

El efecto acumulativo de unos desastres más frecuentes sumirá a las familias que viven en la pobreza en un círculo vicioso de vulnerabilidad ante desastres futuros. Cuanto más pobres sean las personas, cuanto más precarios sus medios de vida, menos serán los bienes disponibles para vender y superar la crisis y más durará el proceso de recuperación. Según un estudio sobre el impacto de los episodios de lluvias escasas para los agricultores de subsistencia en Etiopía, realizado en 2004, algunas familias tardan años en recuperarse de tales crisis.[11]

De cara al futuro, la cuestión es la siguiente: la vulnerabilidad ante los desastres de muchas de las personas pobres del mundo podría aumentar, hecho que vendría motivado por cuatro tendencias. En primer lugar, ha aumentado el número de personas que viven en chabolas urbanas construidas sobre terrenos precarios. En segundo lugar, la mayor presión a que se ven sometidos los terrenos agrarios rurales, como consecuencia de las sequías, la densidad de población y la cada vez mayor demanda de productos lácteos y cárnicos en las economías emergentes, hará que aumente la inseguridad alimentaria. En tercer lugar, el cambio climático, la degradación del medio ambiente y los conflictos obligarán a muchas personas a huir de sus hogares, destrozando sus medios de vida, bienes y redes de apoyo familiares y comunitarias. Algunas estimaciones sugieren que habrá hasta mil millones de personas desplazadas para el 2050.[12] Por último, la crisis económica mundial que se agudizó a finales de 2008 podría provocar un aumento en el desempleo y el deterioro de las redes sociales de seguridad, aumentando aún más las necesidades humanitarias en algunos países.

Optar por la acción

Pero también existen tendencias positivas sobre las que es posible construir. No todo el mundo se ha vuelto más vulnerable ante el aumento del número de desastres. En algunos países el índice de pobreza ha disminuido, permitiendo que más personas vivan en hogares seguros, dispongan de unos medios de vida también seguros y tengan capacidad de ahorro para superar las crisis.[13] Otros países han demostrado que pueden salvar vidas. El número de muertes provocadas por los desastres ha caído de forma dramática en muchos países, no porque haya habido menor número de sucesos catastróficos, sino porque los gobiernos han instaurado medidas de preparación y reducción de riesgos ante los desastres. Si bien es cierto que el ciclón Sidr provocó la muerte de unas 3.000 personas en Bangladesh en 2007, es una cifra muy reducida si se compara con el número de víctimas del ciclón Bhola de 1972 o incluso del ciclón Gorky de 1991, ambos de una intensidad parecida. En países como la India, donde la Ley Nacional de Garantía de Empleo Rural ha creado 900 millones de empleos (medidos por persona/día) para las poblaciones pobres del medio rural, la introducción de sistemas de protección social ofrece la esperanza, al menos, de poder romper el círculo vicioso de desastres y pobreza.[14] En mayo de 2008, el volcán chileno de Chaitén entró en erupción por primera vez desde que se tienen registros. La respuesta fue rápida, con el envío de equipos de protección civil y la evacuación de 8.000 personas.[15]

Responsabilidad de los Estados

Al igual que sucede con todos los derechos humanos, el principal garante del derecho a la vida de los ciudadanos debe ser el Estado. Y lo que impulsa a los Estados a aportar una asistencia más eficaz suele ser la acción de los ciudadanos al exigir cuentas a sus gobiernos. Oxfam Internacional colabora en Indonesia con la organización Desarrollo Rural Integrado Flores (FIRD en sus siglas en inglés), una organización local que trabaja en la gestión y respuesta ante los desastres. Su mediación entre aldeas y autoridades locales ha ayudado a transformar la manera en que se aporta la ayuda. En palabras del. Dr. Syrip Tintin de FIRD:

> *Antes, las autoridades locales tenían que acudir para dar apoyo [a las comunidades] en la distribución de ayuda. Pero ahora son las comunidades las que acuden a las autoridades diciendo, 'Estamos preparadas. ¿Qué pueden hacer ustedes ahora?'*[16]

Tanto en los conflictos como en los desastres, las organizaciones de la sociedad civil son capaces de influir en el trato que reciben las personas afectadas, además de prestarles apoyo para exigir que el gobierno proteja sus derechos. Las disputas territoriales en las regiones de Osetia del Sur y Abjasia, en Georgia, provocaron el desplazamiento de unas 130.000 personas en agosto de 2008. Organizaciones como la Asociación de Jóvenes Abogados de Georgia (GYLA en sus siglas en inglés) desempeñaron un importante papel para conseguir que las personas afectadas conocieran el tipo de ayuda a que tenían derecho y que las autoridades centrales hicieran efectiva esa ayuda.[17]

> *Muchas de las personas desplazadas no saben cómo inscribirse, ni conocen sus derechos. Estamos prestando asistencia jurídica y representación legal a las personas afectadas.*
>
> Besarion Boxasvili (GYLA)[18]

Pero por cada gobierno que sí trabaja para salvaguardar vidas ante amenazas como las tormentas o el conflicto, hay demasiados que no lo hacen. En algunos casos esto se debe, sencillamente, a que se ven desbordados por la magnitud de los desastres. Incluso Cuba, uno de los países mejor preparados ante los desastres, no pudo evitar que se produjeran víctimas como consecuencia de las cuatro tormentas tropicales que se sucedieron en 2008. Pero otros incumplen esta obligación por elección propia. Los gobiernos suelen alegar motivos económicos para explicar la falta de inversión en preparación ante desastres. Pero el hecho de que algunos Estados pobres sí hayan puesto en marcha medidas eficaces para reducir el riesgo de desastres demuestra que no es una excusa válida.

Algunos gobiernos abusan intencionadamente de sus ciudadanos o de los ciudadanos de territorios ocupados. Otros gobiernos, y también algunos actores no estatales, son cómplices de manipulación deliberada y negación de la ayuda humanitaria. En 2007 Ban Ki-moon, Secretario General de la ONU, denunció que los conflictos estaban limitando o incluso impidiendo el acceso humanitario a más de 18 millones de personas en países como Irak, Somalia, Sudán y Afganistán, bien por la situación generalizada de inseguridad o por obstrucción deliberada.[19]

Asistencia internacional

Las organizaciones humanitarias internacionales desempeñan un papel crucial, tanto en el trabajo directo para salvar vidas en los casos en que los gobiernos no lo hacen, como mediante el apoyo a aquellos gobiernos que sí actúan de manera responsable. Las agencias humanitarias, tanto locales como internacionales, suelen demostrar unas habilidades, un compromiso y un coraje enormes al proporcionar ayuda esencial a las personas que más lo necesitan en distintos países, como Chad o Birmania (Myanmar). En 2007, más de 43 millones de personas se beneficiaron de la ayuda humanitaria aportada a raíz de los llamamientos de la ONU.[20] En noviembre de 2008, Oxfam Internacional prestaba asistencia directa a 3,3 millones de personas en situación de necesidad humanitaria.[21]

En 2007, Oxfam Internacional colaboró con organismos de las autoridades locales en Bolivia para responder de manera rápida y eficaz a las graves inundaciones sufridas y adaptar el sistema agrario para afrontar inundaciones y sequías periódicas, mejorar la fertilidad del suelo y aumentar la productividad de las tierras. Gracias a la construcción de semilleros elevados o *camellones*, las inundaciones estacionales ya no destruyen las cosechas.[22]

Pero, en demasiadas ocasiones, las agencias humanitarias internacionales prestan escasa atención al trabajo conjunto con las autoridades nacionales o locales (o incluso con organizaciones locales de la sociedad civil, como son las Sociedades Nacionales de la Cruz Roja y de la Media Luna Roja). Al aplicar la opción 'por defecto' de aportar ayuda de forma directa, a menudo da la impresión de que las organizaciones internacionales eximieran a los gobiernos de sus obligaciones, reduciendo con ello la probabilidad de que se vuelvan a poner en marcha en un futuro los servicios básicos. Esto no quiere decir que las organizaciones humanitarias internacionales no deban nunca actuar directamente para salvar vidas, sino que es preferible trabajar en colaboración con contrapartes, tanto gubernamentales como de la sociedad civil, siempre que resulte factible.

Una proporción aún demasiado elevada de la ayuda humanitaria es aún inadecuada y se encuentra mal orientada. Con demasiada frecuencia, la ayuda humanitaria no tiene en cuenta las necesidades concretas de distintos grupos, como es el caso de mujeres y hombres. La vulnerabilidad de mujeres y niñas ante la violencia sexual, por ejemplo, puede verse incluso potenciada por proyectos humanitarios mal diseñados. El sistema humanitario tampoco está establecido de forma que pueda afrontar adecuadamente el creciente número de desastres climáticos localizados. En el pasado, las respuestas tradicionales a las grandes catástrofes eran intervenciones centralizadas de complicada organización logística. En el futuro, las organizaciones humanitarias habrán de centrarse más en la capacitación local para prevenir, prepararse y responder ante esta proliferación de desastres relacionados con el cambio climático.

Los niveles actuales de financiación de la ayuda humanitaria siguen siendo del todo insuficientes para cubrir las necesidades humanitarias que existen hoy en día. En 2006 el mundo gastó más en videojuegos que en ayuda humanitaria internacional.[23] Pese a constituir ya una suma considerable, también debe aumentar la cantidad de ayuda que aportan donantes humanitarios no miembros de la OCDE, de Oriente Medio y de otras fuentes.

Pero no es sólo cuestión de cantidad. Demasiados fondos, tanto de donantes miembros de la OCDE como de los que no lo son, siguen siendo asignados en base a los intereses políticos o de seguridad de los gobiernos, o según qué desastre alcanza las pantallas de televisión de cada país, en lugar de asignarse de manera imparcial en base a la necesidad humanitaria sobre el terreno. Si se compara la respuesta global al tsunami del Océano Índico de 2004 con la respuesta al conflicto en Chad en ese mismo año, las 500.000 personas asistidas tras el tsunami tocaron a una media de 1.241 dólares de ayuda oficial, mientras que las 700.000 personas beneficiarias de ayuda en Chad recibieron tan sólo 23 dólares cada una.[24]

Construyendo un futuro más seguro

El reto humanitario del siglo XXI se puede traducir en: un número cada vez mayor de sucesos catastróficos en su mayoría localizados, un mayor número de personas vulnerables a los mismos, demasiados gobiernos que fracasan a la hora de prevenir o responder a esos sucesos y un sistema humanitario internacional incapaz de cubrir las necesidades generadas. Ante esta situación, las personas afectadas por los desastres necesitan:

• Un mayor enfoque hacia la capacitación de los gobiernos nacionales para responder ante los desastres y, en aquellos casos en que sea necesario, la exigencia de que hagan uso de esa capacidad;

- Un enfoque mucho mayor hacia la ayuda tanto a personas como a los gobiernos nacionales para reducir su vulnerabilidad ante los desastres; y
- Un sistema humanitario que actúe de forma rápida e imparcial en la aportación de una ayuda eficaz y con rendición de cuentas, que sirva de complemento a la capacidad nacional y que en ocasiones aporte la ayuda que los gobiernos nacionales no proporcionan.

Para ello hará falta lo siguiente:

Fomentar la responsabilidad de los Estados y empoderar a las personas afectadas

- Los gobiernos deben fortalecer la capacidad de respuesta a las emergencias, a nivel tanto nacional como local, y reducir la vulnerabilidad de las personas; las diversas entidades y gobiernos donantes deben incrementar notablemente su apoyo para que así lo hagan;
- Se debe capacitar a las comunidades para que puedan exigir tanto a sus gobiernos como a otros organismos el cumplimiento de su obligación de salvaguardar sus vidas, y para que puedan también responder por sí mismas y prepararse ante los desastres; y
- La comunidad internacional, incluidas las organizaciones regionales, debe hacer un uso mucho mayor de la mediación y la diplomacia para exigir a los Estados que asistan a sus propios ciudadanos.

Reducir la vulnerabilidad

- Los gobiernos nacionales deben:
  - Adoptar medidas para la reducción del riesgo de desastres mediante una combinación de sistemas de alerta temprana, planes de preparación, comunicación eficaz y movilización a local;
  - Invertir en medios de vida sostenibles, de manera que las personas alcancen la seguridad alimentaria y de ingresos;
  - Mejorar la planificación urbana de manera que las personas que viven en barrios marginales puedan acceder a una vivienda más resistente ante los desastres en zonas menos propensas a los riesgos medioambientales; e
  - Invertir en infraestructura y servicios públicos que permitan reducir los riesgos para la salud pública.
- Todas las partes deben tomar acción de manera eficaz y enérgica para la reducción de los conflictos. Este es un tema analizado en el informe paralelo de Oxfam Internacional 'Por un mañana más seguro', que aporta recomendaciones detalladas;[25] y

- En base a su responsabilidad y su capacidad de financiación, los gobiernos de los países ricos deben liderar el recorte de las emisiones globales, de manera que el calentamiento del planeta se mantenga sustancialmente por debajo de un incremento medio de 2° C; y aportar al menos 50.000 millones de dólares anuales para ayudar a los países menos adelantados a adaptarse al cambio climático. Ver el Informe de Oxfam Internacional, 'Abusos climáticos y derechos humanos'.[26]

Mejora de la asistencia internacional

- Los gobiernos, los donantes, la ONU y las agencias humanitarias deben asegurarse que se lleva a cabo un análisis de necesidades adecuado, así como una asignación imparcial de la ayuda en base a esas necesidades y a las normas internacionales pertinentes, rindiendo cuentas a sus beneficiarios, atendiendo a las vulnerabilidades concretas (género, edad y discapacidad, entre otros) y construyendo y dando apoyo a las capacidades locales donde sea posible.

- Entidades y gobiernos donantes deben incrementar sustancialmente el apoyo prestado a los gobiernos de los países en desarrollo con la finalidad de reducir su vulnerabilidad ante los desastres;

- Los donantes no miembros de la OCDE deben seguir las mismas normas que los que sí lo son, aportando ayuda de la manera descrita anteriormente. Los donantes de la OCDE deben hacer más por incluir a los donantes no miembros en sus mecanismos de coordinación;

- Las agencias de Naciones Unidas deben aportar mayor liderazgo y coordinación en la respuesta humanitaria internacional. Las distintas ONG y agencias de la ONU deben apoyar una respuesta internacional mejor coordinada, ayudando a los gobiernos nacionales, sin comprometer su propia independencia; y

- Los donantes deben colaborar entre sí más estrechamente para garantizar que se dispone de la financiación adecuada para una respuesta humanitaria puntual, eficaz y de calidad. Conseguir la cantidad de 42.000 millones de dólares anuales en ayuda humanitaria supondría un importante primer paso.

El ciclón tropical Sidr avanza hacia la costa de Bangladesh el 14 de noviembre de 2007. La costa occidental de Bangladesh,el territorio a nivel del mar más densamente poblado del planeta, ha sufrido algunos de los peores desastres humanitarios de las últimas décadas. El ciclón Sidr se cobró unas 3000 vidas, pero centenares de miles de personas pudieron ser evacuadas a tiempo.

Introducción

Una amenaza creciente

Las emergencias humanitarias ocasionadas por los conflictos, otras crisis generadas por el hombre y los desastres naturales provocan un sufrimiento inmenso. Las personas que sobreviven a la crisis pierden a muchos de sus seres queridos, sufren daños catastróficos en sus hogares y en sus medios de vida, son testigos de la destrucción de sus comunidades y han de soportar los peligros y la humillación que entrañan el desplazamiento y la pobreza extrema. Para estas personas, la catástrofe se convierte después en una lucha diaria por la supervivencia, la dignidad y un futuro. Ésta es la realidad ahora para más de 250 millones de hombres y mujeres todos los años.[27]

A medida que avance el siglo XXI, la humanidad habrá de enfrentarse a la amenaza, cada vez mayor, de fenómenos catastróficos. En este informe se hace una estimación del incremento en las necesidades humanitarias desde ahora y hasta el 2015, y se abordan algunas de las razones por las cuales serán muchas más las personas afectadas por los desastres naturales en las próximas décadas. Más concretamente, se analiza de qué manera la vulnerabilidad de las personas, definida por quiénes son, dónde viven y los medios de vida de que disponen, condicionará su probabilidad de sobrevivir a los efectos inmediatos o al impacto a más largo plazo de las catástrofes, sin quedar dañados ni sus medios de vida ni su salud.

El informe analiza qué es lo que realmente puede hacerse para ayudar a las personas afectadas por las enormes y aparentemente incontenibles fuerzas generadas por el cambio climático, el aumento de la población, el desplazamiento y la vulnerabilidad. El informe también demuestra que es posible reunir las habilidades, los conocimientos y los recursos financieros necesarios para reducir drásticamente el número de muertes en las catástrofes, así como también el número de personas que caerán bajo el umbral de la pobreza. Pero para ello, todas las partes implicadas, incluyendo los gobiernos, la ONU, las organizaciones de la sociedad civil y los propios ciudadanos, deben reconocer que existe una amenaza cada vez mayor y responder en consecuencia. La existencia o no de la voluntad política para ello será uno de los rasgos definitorios de nuestro siglo y determinará el que millones de personas vivan o mueran.

Abbie Trayler-Smith/Oxfam GB

Mirlene Chery, de 9 años de edad, aprende canciones y juegos de rol sobre la reducción de riesgo de desastres. Como parte de su trabajo sobre la reducción de riesgo de desastres en Haití, Oxfam Internacional trabaja con profesores y alumnos para alertarles de los peligros de los desastres naturales y ayudarles a velar por su seguridad y la de sus familias (2007).

De la caridad al derecho

El mundo tiene a su disposición los medios necesarios para prevenir y mitigar los riesgos, actuales y futuros, derivados de los desastres naturales. Por tanto, debemos considerar a aquellos que mueren o quedan en la indigencia a raíz de las catástrofes no como víctimas pasivas de los desastres naturales, sino como personas damnificadas por una grave violación del deber de salvaguardar ese derecho humano tan básico como es el derecho a la vida.

Pero a medida que aumenta la amenaza de fuerzas globales como el cambio climático, los movimientos de población o el desplazamiento, y a medida que comienzan a proliferar en el mundo emergencias localizadas relacionadas con el clima, ¿quién está en mejor situación para garantizar ese derecho a la vida? ¿A quién se debe capacitar para responder a las emergencias y reducir la vulnerabilidad ante los desastres a largo plazo?

Al igual que sucede con todos los derechos humanos, el principal garante del derecho a la vida de los ciudadanos debe ser el Estado. La garantía de ese derecho depende de dos aspectos clave. En primer lugar, un Estado eficaz y con capacidad de rendir cuentas debe asumir la responsabilidad de reducir el número de muertes evitables en las emergencias. Para hacerlo, debe invertir en sistemas eficaces de protección civil, de alerta temprana y de comunicaciones que le permita responder a las emergencias e invertir, además, en medidas a largo plazo para reducir la vulnerabilidad de sus ciudadanos ante los desastres. Puede que algunos países, como por ejemplo los Estados fallidos, los que tengan una capacidad limitada, o sencillamente aquellos que se vean superados por la magnitud de las necesidades, no estén en situación de hacerlo. Pero la mayoría de los gobiernos sí lo están, tal y como muestran los diversos ejemplos positivos de adaptación en países pobres como Cuba. En segundo lugar, los ciudadanos activos deben exigir ayuda de las autoridades locales y demás organizaciones humanitarias, así como cambios a largo plazo para reducir su vulnerabilidad, denunciando los casos en que no se produzcan.

Pero si son los gobiernos los principales garantes del derecho a la asistencia, ¿dónde quedan las agencias humanitarias internacionales? ¿Qué responsabilidades ostentan la ONU, los organismos regionales multilaterales, o incluso las organizaciones locales de la sociedad civil? A finales del siglo XX y principios del XXI, la sucesión de conflictos, Estados fallidos y emergencias de gran magnitud originó un mecanismo de ayuda humanitaria que pretendía salvaguardar la vida humana mediante una acción independiente y rigurosamente imparcial. También dio lugar a un sistema marcadamente occidental, que se convirtió en un sistema de respuestas centralizadas a desastres de gran envergadura y visibilidad. En muchas de esas respuestas apenas se prestaba atención al trabajo con gobiernos nacionales u

Un letrero cuelga del balcón de una vivienda en Gulfport, Mississippi (EEUU). Los habitantes de esta ciudad sufrieron el impacto del huracán Katrina (agosto de 2005).

Jim Reed/Getty Images

organizaciones locales de la sociedad civil. Hasta hace relativamente poco, las personas afectadas por los desastres eran tratadas además como beneficiarios pasivos de ayudas sociales.

Un nuevo marco humanitario

Si hemos de responder ante las amenazas cada vez mayores y cambiantes que caracterizarán este siglo XXI, hará falta un marco humanitario global más eficaz. Se necesita un sistema cuya principal finalidad sea apoyar a los Estados en sus esfuerzos por reducir los riesgos y responder a las emergencias de manera eficaz; un sistema que refuerce tanto las obligaciones de los Estados a suministrar asistencia como la capacidad de los ciudadanos para exigirla. El humanitarismo del siglo XXI debe incorporar lo mejor del sistema humanitario del siglo XX, con sus principios de humanidad e imparcialidad, y un enfoque basado en los derechos de las personas afectadas por las emergencias. Debe rendir cuentas a estas personas, ser más localizado y menos centralizado y aportar no sólo una excelente respuesta ante las emergencias, sino también una acción eficaz para la reducción del riesgo de desastres.

Las agencias humanitarias internacionales deben colaborar mucho más tanto con los Estados como con las organizaciones locales de la sociedad civil en actividades de preparación ante emergencias. Es necesario destinar más recursos a las tareas de reducción del riesgo de inseguridad alimentaria a largo plazo y de la amenaza de desastres naturales como las inundaciones, las tormentas tropicales y los terremotos. Se debe dotar a las organizaciones de la sociedad civil de la capacidad y la confianza necesarias para denunciar los fallos en nombre de las personas afectadas por las emergencias.

Seguirán siendo muchos los gobiernos que no aporten una asistencia adecuada a sus ciudadanos, ya sea por incapacidad, negligencia premeditada u obstrucción deliberada. Por ello, los organismos multilaterales deben presionar a los Estados para que cumplan con sus obligaciones o, en casos de incumplimiento, para que faciliten el acceso rápido y sin impedimentos a las agencias humanitarias internacionales.

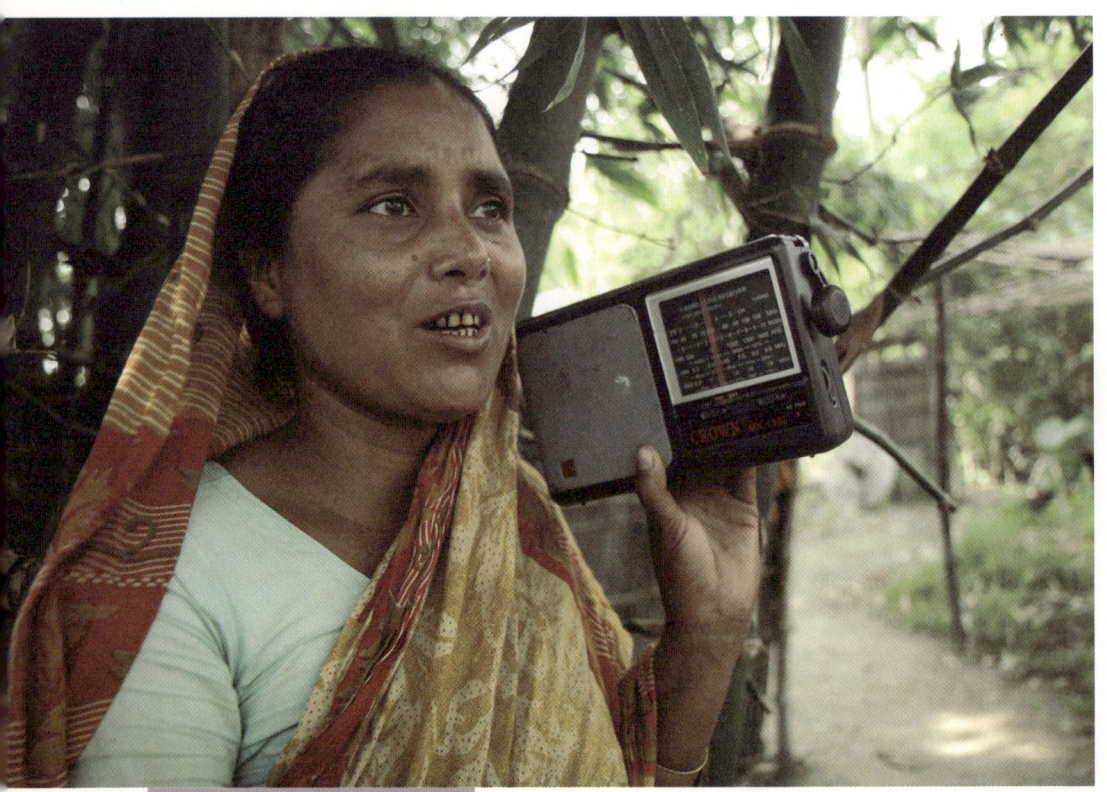

Jane Beesley / Oxfam

'Cuando escuchamos el parte del tiempo, podemos avisar a la comunidad para que se prepare.' Shahia, presidenta de un grupo de preparación ante desastres apoyado por Oxfam Internacional en Bangladesh, escucha la radio atenta a las alertas sobre inundaciones. Cuando aparecieron las inundaciones de 2007, las aldeas que contaban con comités de emergencia estaban mejor preparadas para afrontar el desastre. Se salvaron pertenencias y ganado y no hubo víctimas mortales (2007).

Eligiendo nuestro futuro

En los albores del siglo XXI, es posible responder a las necesidades humanitarias de cualquier persona. Incluso en tiempos de crisis económica es posible ofrecer una respuesta eficaz. El hecho de que seguramente las amenazas relacionadas con el cambio climático vayan a aumentar en un momento de restricción del gasto público no significa que por ello más personas vayan a morir o a quedar en la indigencia.

En el Capítulo 2 se examina la creciente amenaza para la vida y los medios de vida causada por los desastres naturales y por la vulnerabilidad de las personas como consecuencia de la pobreza, la desigualdad y la falta de poder. En el Capítulo 3 se analiza la manera en que los gobiernos pueden garantizar el derecho a la vida en las emergencias, y se ofrece información también sobre la labor de las agencias humanitarias internacionales para ayudarles a conseguir este fin. El Capítulo 4 explora cómo conseguir que la asistencia humanitaria internacional sea más estratégica, cuente con mayor base local y con más capacidad de rendición de cuentas. En el Capítulo 5 se abordan los factores que, a largo plazo, provocan la pérdida de vidas humanas y de medios de vida en las emergencias, así como sus soluciones. En el Capítulo 6 se realiza una estimación de costes y se proponen posibles fuentes de financiación. Se demuestra que es factible con aportaciones de los países ricos, pero también haciendo uso de las oportunidades que se presentan por el cada vez mayor número de donantes humanitarios en los países del Sur. Se muestra también cómo estos nuevos actores humanitarios, actuando de manera imparcial y aplicando mejores prácticas, pueden ayudar a garantizar que los fondos lleguen allá donde más se necesitan. Por último, el Capítulo 7 recopila todas estas cuestiones y hace recomendaciones sobre cómo garantizar el derecho a la asistencia por parte de Estados responsables, ciudadanos activos y un marco humanitario global más eficaz.

'Solíamos decir "Mejor estar con un vecino que con un hermano", pero cuando el vecino se convierte en tu enemigo… no se puede volver.' Declaraciones de Joshua, desplazado por la violencia electoral en Kenia en abril de 2008.

Jane Beesley / Oxfam GB

2

Viejas y nuevas amenazas

Las guerras y la violencia afectan cada año a millones de personas, desplazándolas de sus hogares y destruyendo sus medios de vida. Y parece que el número de conflictos en el mundo, que tras el final de la Guerra Fría disminuyó notablemente, reemprende una tendencia al alza.[28]

Según datos publicados en 2008, en la República Democrática del Congo (RDC) cada minuto mueren dos personas a causa de un conflicto que asola el país y que ha quedado vergonzosamente olvidado.[29] Es como si el país sufriera un desastre de la magnitud del tsunami del Océano Índico cada seis meses.[30] Más de 5,4 millones de personas han perdido la vida en la RDC desde 1998 a causa del conflicto; menos de un 1 por ciento de esas muertes fueron consecuencia directa de los enfrentamientos.[31] La inmensa mayoría cayeron víctimas de enfermedades contagiosas prevenibles, como la malaria y la diarrea, que se propagaron debido a la destrucción de la infraestructura sanitaria durante el conflicto. En 2007, el 57 por ciento de la población no tenía acceso a agua potable y el 54 por ciento carecía de acceso a servicios médicos.[32] El recrudecimiento de la violencia en la segunda mitad de 2008 fue un doloroso recordatorio de que incluso los conflictos de larga duración pueden agravarse y provocar que centenares de miles de personas sean de nuevo desplazadas o necesiten ayuda humanitaria.

Los conflictos no sólo afectan a Estados fallidos como la RDC. Los sucesos del 2008 demostraron que incluso sociedades aparentemente estables son vulnerables al conflicto. Las disputadas elecciones en Kenia hicieron aflorar las tensiones políticas subyacentes y desataron un estallido de violencia que provocó la muerte de más de un millar de personas y el desplazamiento de al menos 500.000. Decenas de miles más buscaron asilo en los países vecinos.[33] Este tipo de inestabilidades tienen un enorme impacto en las vidas de las personas afectadas, impacto que persiste mucho tiempo después de encabezar los titulares de los periódicos. Joshua, que tuvo que huir con su familia de la región de Nandi en Kenia, sabe que no podrá volver a casa en mucho tiempo:

Incluso si volviéramos, la gente de ahí no nos aceptaría. Cuando empezaron los problemas, perdimos todo lo que teníamos. En ese lugar teníamos nuestros medios de vida, nuestros trabajos, nuestros hogares, era donde criábamos a nuestros hijos. Durante años vivimos con esa gente como vecinos, creíamos que eran nuestros amigos. Pero ahora nos matarían. No podemos volver.[34]

Pegu

Bassein — Yangôn

Moulmein —

Mouths of the Irrawaddy

Gulf of Martaban

N 25 km

April 15, 2008

Pegu

Bassein — Yangôn

Moulmein —

May 5, 2008

NASA

Imágenes de satélite de la costa de Birmania (Myanmar) antes y después de las devastadoras inundaciones provocadas por el ciclón tropical Nargis en mayo de 2008.

Pero un estudio publicado en noviembre de 2008 indicaba que Kenia es uno de los 27 países que vive bajo una enorme presión, y que tiene, por tanto, un elevado riesgo de conflicto o de convertirse en Estado fallido.[35] En esa misma situación se encuentran países como Pakistán o Haití. Aunque resulta imposible predecir dónde estallarán los conflictos en el futuro, o si el número total de conflictos aumentará o disminuirá, hay toda una serie de riesgos que podrían provocar un mayor grado de inseguridad en los próximos diez años o más. Algunos están relacionados con las principales tendencias globales, como son el cambio climático, la pobreza, la desigualdad persistente y el crecimiento demográfico en Estados con una gran proporción de población juvenil. Otros guardan relación con sucesos que, si bien no son probables, sí podrían darse, como por ejemplo el uso de armas de destrucción masiva en ataques terroristas. En resumen, es muy probable que las necesidades humanitarias causadas por los conflictos sigan siendo considerables, e incluso que crezcan aún más.

La tendencia de los desastres naturales, que actualmente provocan enorme sufrimiento humano, es más fácil de predecir. En el 2007, un año de crisis climática, 23 países africanos y 11 asiáticos sufrieron las peores inundaciones en décadas. Gran parte de América Central sufrió el azote de dos huracanes y de lluvias torrenciales, casi la mitad del estado mexicano de Tabasco quedó inundado.[36] En palabras de John Holmes, Coordinador para Ayuda de Emergencia de la ONU, '[...] todos estos desastres por sí solos no se cobraron un número elevado de víctimas, pero en su conjunto suponen un mega desastre'.[37] La embestida de desastres climáticos no dio tregua en el 2008. El ciclón Nargis destrozó zonas enteras de Birmania (Myanmar) y varios huracanes especialmente intensos en el Atlántico provocaron cientos de muertes y cuantiosos daños económicos en Cuba, la República Dominicana, Haití y EE.UU.. En muchos casos, la mala gestión medioambiental agravó enormemente el impacto de estos desastres naturales. En la India, las lluvias, durante el 2008, provocaron graves inundaciones, no por su especial intensidad, sino por la rotura de presas y márgenes de ríos que se habían mantenido de manera deficiente.[38] La rotura de un dique en el río Kosi, en agosto de 2008, provocó una de las peores inundaciones en la historia de Bihar, el estado más pobre de la India. Tarzamul Haq, trabajador agrario de la aldea de Katiya, se vio forzado a desplazarse con su familia a un campo de refugiados cercano a la frontera con Nepal. Tarzamul vio cómo el agua se llevaba por delante ganado y cultivos.

> No tengo dinero. Todo el grano que había acumulado [...] se lo ha llevado el agua. Incluso el propietario de las tierras se ha quedado sin cosecha y sin pertenencias y por tanto no puede ayudarnos. Las aguas tardarán en desaparecer y se perderán al menos dos cosechas. ¿Cómo voy a alimentar a mi familia?

En el año 2008, más de 3,8 millones de personas se vieron afectadas por las inundaciones de Bihar, que anegaron más de 100.000 hectáreas de tierras

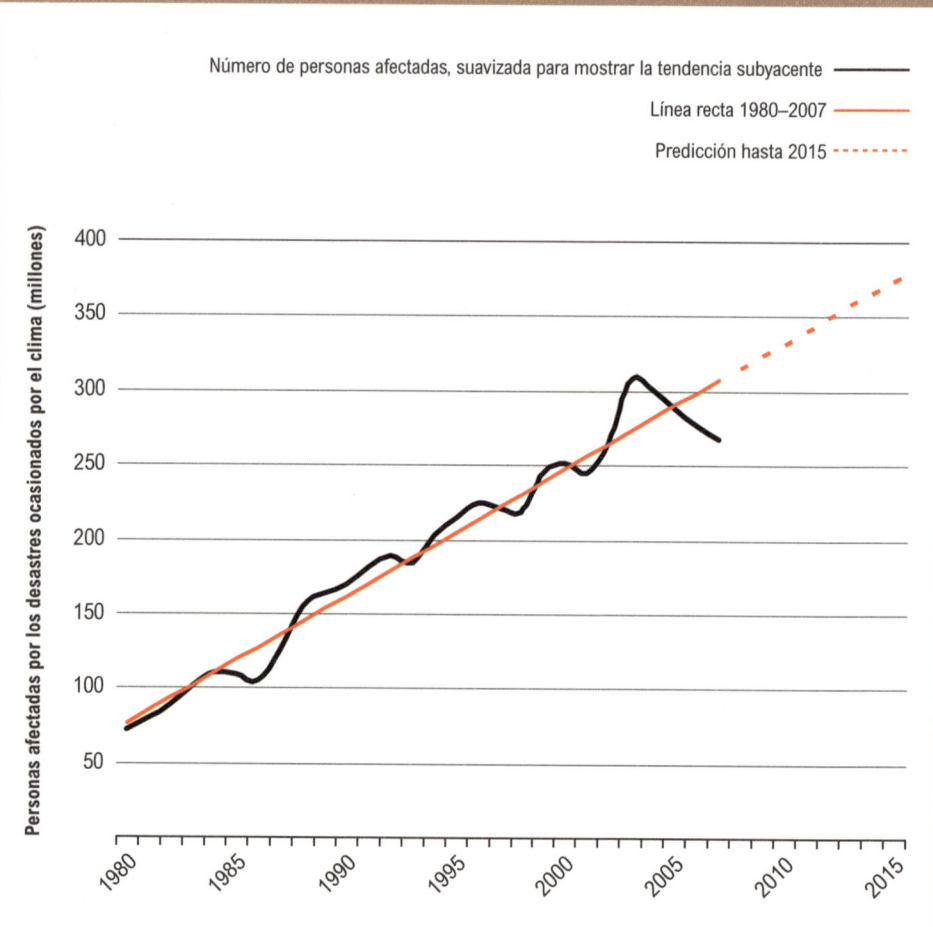

Una ola creciente de sufrimiento: El incremento del número de personas afectadas por los desastres ocasionados por el cambio climático 1980–2007 con predicciones para 2015.

Número de personas afectadas, suavizada para mostrar la tendencia subyacente ———

Línea recta 1980–2007 ———

Predicción hasta 2015 - - - - - -

Personas afectadas por los desastres ocasionados por el clima (millones)

400
350
300
250
200
150
100
50

1980   1985   1990   1995   2000   2005   2010   2015

Fuente: Centro de Estudios sobre la Epidemiología de los Desastres (CRED por sus siglas en Inglés) Base de Datos de Emergencias (EM-DAT), http://www.emdat.be

Los datos de las amenazas relacionadas con el clima recogidas por CRED muestra una variación significativa en el número de personas afectadas de un año a otro. Esto refleja un número muy alto de desastres naturales que tienen un impacto importante en los totales trimestrales. Ña predicción de Oxfam ha utilizado la técnica de las estadísticas "suavizadas" para aplanar los extremos altos y bajos en los datos y mostrar una clara tendencia subyacente. Para más detalles sobre metodología, resultados, y limitaciones para estas predicciones, por favor vea "Forecasting the numbers of people affected annually by natural disasters up to 2015", www.oxfam.org.

cultivables. Para personas como Tarzamul, pasarán años hasta recuperar todo lo perdido. El mantenimiento deficiente de la infraestructura, la deforestación de las zonas altas, la erosión, la sedimentación, la elevación del lecho de los ríos y los cambios en el curso de los mismos hacen que las inundaciones catastróficas de este tipo sean ya una amenaza habitual para centenares de miles de personas en la India.

En ese mismo año, los huracanes atlánticos demostraron que una cadena de desastres, acontecidos uno tras otro, pueden destruir prácticamente a los países pobres. El impacto de cuatro tormentas en menos de un mes dejó sin hogar y sin acceso a las necesidades más básicas a centenares de miles de personas en Haití.[39]

Entre tanto, lejos del foco de atención mundial, la vulnerabilidad de poblaciones enteras del África oriental y central y del Asia meridional ante el ciclo anual de sequías sigue creciendo. En 2008, millones de personas en Etiopía precisaron ayuda alimentaria por la ausencia de lluvias.[40] Para millones de personas pobres, el persistente desgaste causado por los desastres cíclicos mina su capacidad de afrontamiento.

De acuerdo con las investigaciones realizadas para este informe, en el 2015 en comparación con la década de 1998–2007 podría haber, como media anual, más de un 50 por ciento de incremento del número de personas afectadas por desastres provocados por el clima. Ello significaría que el promedio anual sería mayor de 375 millones de personas. Este incremento previsto podría superar con creces la actual capacidad mundial de responder.[41]

Globalización: el impacto del precio de los alimentos

Aunque el número de desastres localizados va en aumento, es también cada vez más probable que el mundo empiece a sufrir una crisis de alcance global. La crisis global del precio de los alimentos, que alcanzó su punto álgido en 2008, fue consecuencia de una serie de factores complejos y relacionados entre sí que traspasaron fronteras nacionales y regionales. Entre tales factores estaban la vertiginosa subida del precio del petróleo y la producción a gran escala de biocombustibles, impulsada por la demanda de la Unión Europea y EE.UU., que provocó a su vez un incremento de la demanda de cultivos alimentarios (sin que por ello se consiguiera una reducción en las emisiones de carbono). Otros factores fueron la prolongada falta de inversión en la agricultura a pequeña escala por parte de donantes y gobiernos del sur y la continuada privación que sufrieron debido a las políticas agrarias de los países ricos. Todos estos factores provocaron el estallido de la crisis global que amenazó con causar inestabilidad política y empujó a los países vulnerables, que ya sufren desnutrición crónica, hacia una crisis humanitaria aún más aguda.[42]

Gilvan Barreto / Oxfam GB

Niños jugando en un barranco creado por la erosión tras las fuertes lluvias e inundaciones en Vicus, al noroeste de Perú. Como muchos otros lugares de la zona, Vicus es propensa a las inundaciones y los desprendimientos de tierra. Oxfam Internacional y su contraparte, Centro Ideas, apoyan al comité de protección civil en la preparación ante desastres.

Cambio climático

Era de noche cuando llegó el agua. La ola era más alta que la casa. La gente se agarraba a los árboles más altos para intentar salvarse. Nuestra aldea desapareció. Murieron tantas personas [...] yo perdí a mi hijo. Tenía casi cuatro años. Mi único hermano y mis dos hermanas han desaparecido. También nuestras casas han desaparecido, con todo lo que teníamos dentro, incluso nuestra ropa.

Mahmouda, de la aldea de Ketasara en Bangladesh, describiendo la fuerza del ciclón Sidr, 2007[43]

Mahmouda es una de los centenares de millones de personas cuyas vidas se vieron truncadas por las inundaciones y las tormentas que en 2007 azotaron tres continentes. Para estas personas, el cambio climático en el mundo es ya una realidad letal. Si se compara el siglo y medio hasta 1996 con los diez años posteriores, el número medio de tormentas tropicales que cada década azota el Atlántico Norte ha aumentado en un 40 por ciento. Comparando estos dos periodos de tiempo, el número medio anual de huracanes atlánticos ha aumentado de cinco a ocho.[44] Se cree que la intensidad de las tormentas tropicales también va en aumento. El Panel Intergubernamental de Expertos sobre Cambio Climático (IPCC) afirma que es 'probable' que los ciclones tropicales se tornen más destructivos a medida que aumenta la temperatura superficial de los mares tropicales.[45]

Mientras que la fuerza de las tormentas tropicales tendrá efectos inmediatos y catastróficos para las comunidades vulnerables, las consecuencias más graves del cambio climático - como son la escasez de agua y la paulatina subida del nivel del mar causadas por el aumento de las temperaturas - jugarán un papel clave en el incremento de las necesidades humanitarias. La subida global del nivel del mar conllevará una mayor vulnerabilidad al desplazamiento y la destrucción de medios de vida y hogares para muchos de los 200 millones de personas que viven en zonas aluviales costeras (35 millones tan sólo en Bangladesh). Unas estaciones cálidas más prolongadas podrían contribuir a un aumento en la propagación de enfermedades contagiosas como la malaria. Según un modelo climático de la Oficina Metereológica del Reino Unido, el 30 por ciento de la superficie del planeta se vería afectada por una sequía extrema en el 2080; a principios del siglo XXI, la cifra era del 3 por ciento.[46]

Desastres más localizados

La frecuencia de los desastres ha ido aumentando en los últimos 30 años.[47] Esta pauta se ha visto impulsada por un aumento notable de desastres relacionados con el clima (ciclones y, en menor medida, inundaciones) desde mediados de los años noventa.[48] La proliferación de estos desastres climáticos afectará más a determinadas comunidades y regiones, provocando un enorme sufrimiento

Binyam Mengesha / PANOS

'Es durante las sequías agudas cuando surgen los conflictos con otros clanes.' dice Chuqulisa, en Borena, al sur de Etiopía, 2007. Desde finales de los 80, los pastos y las fuentes de agua en Borena han sido destruidos por las sequías y la desertificación. En parte como consecuencia de ello, el conflicto entre las comunidades de pastores Boran y Digodi se ha intensificado.

humano a escala global. Puede que los 'mega desastres' como el tsunami del Océano Índico, que afectan a centenares de miles (o incluso a millones) de personas, sigan provocando el mayor número de muertes por desastres, pero el *incremento* en el número de personas afectadas por estos desastres seguramente se deberá a emergencias de menor envergadura relacionadas con el clima.[49] Los desastres, como las inundaciones y los desprendimientos de tierra ocurridos en Filipinas en febrero de 2008 (que afectan a regiones concretas e incluso a comunidades aisladas y cuya tasa de mortalidad en cada caso es relativamente reducida), contribuirán en su conjunto a incrementar de manera considerable el número de muertos y afectados cada año. A la vista de esta amenaza creciente, la respuesta humanitaria tradicional (centralizada, con una logística compleja y orientada a las grandes emergencias) resultará demasiado cara y aparatosa para ser eficaz. En muchas ocasiones serán las autoridades locales, la sociedad civil y las organizaciones comunitarias las que estén mejor situadas para responder.

El cambio climático alimenta los conflictos

El impacto del cambio climático no se limita a los desastres naturales. A nivel mundial, las causas habituales de los conflictos violentos cobrarán mayor fuerza por el impacto del cambio climático. Un estudio indicaba que el cambio climático podría aumentar el riesgo de conflicto violento en 46 países, países que albergan al 40 por ciento de la población mundial.[50] Algunos observadores opinan que en África subsahariana, Asia central y meridional y Oriente Medio ya se ha producido un aumento en el número de conflictos como consecuencia del clima. La crisis prolongada de Darfur se ha recrudecido por la acuciante escasez de agua y pastos.[51] Pero fueron las tensiones en la lucha por el poder político en Sudán lo que más exacerbó el conflicto. Los cambios sufridos en el medio ambiente fueron muy mal gestionados, de manera que ciertos grupos sufrieron mucho más que otros, aumentando así las tensiones.

No obstante, las amenazas derivadas del clima, junto con los desastres geológicos, los conflictos y las demás amenazas, son sólo una parte del problema. La vulnerabilidad, entendida como la combinación de factores que hacen que ciertas personas estén en situación de mayor riesgo ante las amenazas, determinará la supervivencia y la prosperidad de las personas en un mundo cambiante. El *aumento* en el grado de vulnerabilidad de las personas ante los desastres será un elemento clave del reto humanitario en las próximas décadas.

'De repente oímos un ruido [...] el dique se agrietó y el agua inundó nuestras casas,' Balkru Behera (a la izquierda) con su padre Nanda en Orissa, India (2007).

Jane Beesley / Oxfam GB

Vulnerabilidad y pobreza

De repente escuchamos un ruido [...] el dique se agrietó y las aguas avanzaron hacia nuestras casas. Nosotros nos salvamos, pero perdimos nuestras pertenencias y los animales [...] el agua se lo llevó todo. Durante dos días vivimos atemorizados [...] la brecha en la margen del río se hacía cada vez más grande, arrastrada por las aguas. Algunos aún teníamos lonas de plástico del gran ciclón [de 1999]; unas cuatro familias nos sentamos bajo una lona, sujetándola fuerte con nuestras manos mientras seguía lloviendo.

Durante días no había comida. A los cuatro días llegó una organización local acompañada del ministro local y nos repartieron ayuda alimentaria.

Balkru Behera, Orissa, India, 2007[52]

Las lluvias torrenciales que devastaron gran parte de Orissa y Bengala Occidental en junio de 2007 se convirtieron en una amenaza para la vida y el hogar de Balkru, debido en gran medida a la vulnerabilidad de su comunidad ante las inundaciones. La pobreza hace que millones de personas como Balkru sufran mayor riesgo de morir o quedar en la indigencia como consecuencia de los desastres. Las personas pobres suelen vivir en zonas más densamente pobladas y en viviendas de baja calidad construidas en lugares inadecuados. Es más probable que sus tierras sean menos productivas, que carezcan de ahorros, que no tengan una propiedad segura de la tierra ni acceso sanitario. Las personas pobres tienen también mayor probabilidad de vivir en partes del mundo inmersas en conflictos.

Esta exposición a los efectos de los desastres y los conflictos aumenta a su vez la pobreza y la vulnerabilidad. Si en las próximas décadas no se presta la debida atención a esta relación letal entre pobreza, vulnerabilidad y desastres, se perderán cada vez más vidas y más medios de vida. A excepción de las sequías, los índices de mortalidad de los desastres naturales muestran una clara tendencia al alza en todo el mundo, demostrando con ello que la vulnerabilidad ante la mayoría de los desastres climáticos va en aumento.[53] Y son de nuevo las personas pobres las que afrontan los mayores riesgos. En los países ricos, mueren de media 23 personas en un desastre concreto, en los países menos desarrollados la media asciende a 1.052 personas.[54] En 1995, el potente terremoto de Hanshin, de magnitud 7,3 en la escala de Richter, provocó la muerte de cerca de 6.000 personas, convirtiéndose en el peor desastre sufrido por Japón en décadas. Sin embargo, el terremoto que en 2005 afectó a la región de Cachemira, en Pakistán, de magnitud 7,6 en la escala de Richter, se cobró 75.000 vidas (un número doce veces mayor) pese a afectar a zonas con mucha menor densidad de población.[55] Esta desigualdad en las consecuencias de los desastres seguirá dándose tanto dentro de los países como entre países. El impacto del huracán Katrina sobre Nueva Orleáns, una de las ciudades más

Jane Beesley / Oxfam GB

Hawa, de 80 años de edad, refugiada a causa del conflicto en Darfur, llegó a Chad en burro después de viajar durante 8 noches. No quiso hablar sobre el viaje, pero dijo 'Las cosas van mejor ahora. Tenemos agua, y las letrinas construidas por Oxfam nos hacen más fácil la vida. Antes, [las mujeres] teníamos que irnos lejos para escondernos de los hombres'. Identificar y dar respuesta a vulnerabilidades y necesidades específicas por motivo de género y edad, entre otros, son responsabilidades básicas de las agencias humanitarias (2005).

pobres del país más rico del mundo, se cebó con sus ciudadanos más pobres. El Katrina suscitó un enorme escándalo público y político, pues para muchos lo que diferenciaba a los que murieron de los que sobrevivieron era quizás 'únicamente la pobreza, la edad o el color de la piel'.[56]

Para algunos grupos demográficos, como personas mayores, mujeres y niñas o enfermos crónicos, la identidad puede hacerles aún más vulnerables ante los efectos de los desastres, dado que su capacidad de afrontamiento estará quizás limitada por la discriminación, sus roles tradicionales o su condición física. En situaciones de escasez alimentaria, por ejemplo, las mujeres embarazadas o lactantes podrían sufrir riesgos adicionales, no sólo por sus necesidades nutricionales, sino por una movilidad limitada, dadas sus responsabilidades para con el cuidado de los hijos, o por la tradición cultural. En los conflictos, los hombres pueden verse obligados a alistarse o ser víctimas de matanzas deliberadas, mientras que las mujeres son vulnerables a las violaciones y las agresiones sexuales. Un hombre de un campamento de refugiados de Darfur explica el terrible panorama que se presenta ante las familias: 'Quizás hay un familiar enfermo [...] pero no puedes [ir a verle] porque a la vuelta quizás te encuentras con una persona armada, un hombre con una pistola, que te puede atacar [...] Pero no podemos hacer nada. No podemos hacer nada [...] nuestras mujeres salen todas las noches y duermen en las fuentes para poder traer agua. Esperan tres días y tres noches para llenar los bidones.' Al preguntar si no es peligroso para las mujeres, contesta con gesto de desesperación. '¡Claro que lo es! Pero es la única opción. ¿Qué otra cosa podemos hacer?'[57]

Los riesgos a los que se enfrentan determinados grupos de personas son la suma de muchos de los factores mundiales que provocan vulnerabilidad. En un futuro caracterizado por un notable crecimiento del número de desastres naturales, será quiénes somos, dónde y cómo vivimos, lo que determinará si vivimos o morimos. En el resto de este capítulo se analizan los tres factores clave de la vulnerabilidad: densidad de población, medios de vida vulnerables y desplazamiento.

Densidad de población en aumento y pobreza urbana

Para el 2025, todo parece indicar que la población global habrá aumentado de 6.600 millones a 8.000 millones de personas. De este crecimiento, un 99 por ciento será en los países en desarrollo.[58] Para ese año también, más de 5.000 millones de personas vivirán en zonas urbanas, de las cuales 2.000 millones lo harán en barriadas de chabolas superpobladas y mal planificadas.[59]

Allá donde coinciden la pobreza y la densidad de población, aumenta la vulnerabilidad ante las catástrofes. En zonas urbanas, el problema principal radica en encontrar viviendas seguras en un espacio finito y con recursos limitados. A medida que crecen las poblaciones urbanas, las personas pobres suelen verse obligadas a construir sus hogares en zonas propensas a los

West Point, Monrovia, Liberia.
Construido sobre una península
costera de escasa elevación y
propensa a las inundaciones,
West Point alberga a unas
65.000 personas que viven
hacinadas en condiciones poco
saludables (2007).

Aubrey Wade / Oxfam GB

desprendimientos de tierra y a las inundaciones repentinas. Debido a la falta de recursos y a una tenencia insegura, las casas que construyen suelen ser de mala calidad.

Bombay es una de las ciudades más pobladas del mundo. Situada en una estrecha franja de terreno de escasa elevación que se adentra en el mar Arábigo, es también una de las ciudades más vulnerables del mundo a las inundaciones costeras y pluviales. Alrededor del 54 por ciento de la población vive en chabolas, muchas de ellas construidas en zonas pantanosas al norte y al este de la ciudad. En julio de 2005, las graves inundaciones provocaron la muerte de unas 900 personas. La mayoría de ellas no murieron ahogadas, sino como consecuencia de desprendimientos de tierra y el derrumbamiento de viviendas.[60] El impacto de estas excepcionales precipitaciones se vio agravado por varios motivos: la falta de inversión para renovar la muy deteriorada red de alcantarillado de Bombay, que data de principios del siglo XX, el crecimiento no controlado de los barrios más pobres de la ciudad y la destrucción de los sumideros naturales de las aguas de lluvia (sobre todo los manglares que antaño rodeaban la ciudad).[61]

Los desastres repentinos, como las inundaciones o los terremotos, no son los únicos riesgos a los que se enfrentan las poblaciones urbanas pobres. Las personas viven hacinadas, sin viviendas adecuadas, sin agua ni saneamiento, sin servicios médicos y sin educación, con el consiguiente riesgo de epidemias por enfermedades contagiosas.[62] Con mucha frecuencia, las personas pobres del medio urbano suelen estar más expuestas al conflicto y la violencia. El crecimiento urbano suele coincidir con un aumento en la violencia armada, motivada por factores como el tráfico de drogas, la disponibilidad de armas y el crimen organizado.[63] Pero en los países pobres esa violencia suele ser política y criminal. A medida que los grupos armados se movilizan en contra o a favor del poder establecido, la violencia urbana puede escalar rápidamente con consecuencias devastadoras para la población civil, como demostraron los acontecimientos de 2008 en Kenia y Haití.[64]

La creciente inseguridad de los medios de vida rurales

La elevada densidad de población, la cada vez mayor presión sobre los terrenos agrarios, la degradación del suelo y la creciente aridez provocada por el cambio climático están poniendo en peligro los medios de vida rurales de centenares de millones de personas que se ven obligadas a subsistir con unas tierras cada vez más áridas y degradadas. Como consecuencia de ello, se hace cada vez más difícil conseguir alimentos.

La población de la región de Hararghe oriental, en Etiopía, está creciendo de manera abrumadora a un ritmo del 3 por ciento anual, creando una enorme presión sobre las tierras y los recursos hídricos disponibles. La deforestación

Campamento para desplazados internos en Goma, DRC, junio de 2008.

Suzi O'Keefe / Oxfam

masiva y el cultivo inadecuado en laderas y cumbres han causado la erosión y la degradación del suelo, reduciendo así la extensión de terrenos agrarios disponibles. Las explotaciones familiares se han ido reduciendo por el reparto de la tierra entre los hijos. Muchas familias de la región no son capaces de satisfacer sus necesidades alimentarias básicas, incluso en años de cosechas abundantes, por lo que sufren desnutrición crónica y dependen de la ayuda humanitaria. En los años en los que no hay cosechas, ya sea por sequías o por exceso de lluvia, la probabilidad de morir o enfermar a causa de la desnutrición aumenta de manera significativa, especialmente entre grupos vulnerables como los niños, las mujeres embarazadas o lactantes y las personas mayores.[65]

En estas condiciones, las familias rurales se ven obligadas a vender unos bienes de producción cada vez más escasos, quedando al borde de la indigencia. Es lo que explica Tabane tras un periodo de persistente sequía en Etiopía:

> Todo se ha acabado [...] se ha muerto, se ha rendido[...] lo poco que quedaba lo he tenido que vender. Todo lo que tenía ha desaparecido. Ya no tengo ni ropa [...] sólo lo que puede ver. Estas ropas que llevo puestas me hacen también de pijama. Y todo por la falta de lluvias.[66]

La propia desnutrición crónica hace que las personas sean más vulnerables a los desastres. Si no se come lo suficiente, la salud se va deteriorando y existe un mayor riesgo de muerte por crisis repentinas como sequías, inundaciones o violencia. La Organización de las Naciones Unidas para la Agricultura y la Alimentación (FAO) estimó que en 2007 había en el mundo 923 millones de personas desnutridas, cifra que sin duda irá en aumento.[67] Una cuarta parte de las personas desnutridas del mundo viven en la India. Algunas estimaciones del gobierno indio indican que la mitad de los niños del país sufren desnutrición.[68] En el África subsahariana, una de cada tres personas carece de una ingesta de alimentos suficiente. En 2006, alrededor de un 48 por ciento de los niños de Uganda sufrían retrasos en el crecimiento debido a la escasez de alimentos, en gran parte por los 20 años de conflicto armado interno.[69]

Desplazamientos forzosos

> El día en que estalló la guerra, no tuve tiempo de recoger nada de mi casa. Había tiros por todas partes. Lo único que nos llevamos fue lo que llevábamos puesto desde por la mañana.

Esperance, zona oriental de la República Democrática del Congo, 2004[70]

Es difícil exagerar lo peligrosa, alienadora y humillante que es la experiencia del desplazamiento forzoso. La destrucción de un hogar, la separación de la familia, la pérdida del acceso a recursos productivos (tierras, ganado o semillas), la falta de acceso al agua y artículos de higiene o la pérdida de efectos personales como

Jane Beesley / Oxfam GB

'Estamos haciendo muchas más cosas que antes para prepararnos y afrontar las inundaciones,' dice Darius Gare, coordinador de un equipo de respuesta de emergencia, mostrando un mapa de riesgos de su aldea (Indonesia, 2008).

la ropa, son factores que en su conjunto provocan una enorme vulnerabilidad.

El Alto Comisionado de Naciones Unidas para los Refugiados (ACNUR) estimó que en 2008 había en el mundo más de 67 millones de personas desplazadas de sus hogares a causa del conflicto o los desastres. De este número, cerca de 11,4 millones de personas se habían refugiado en otros países y 51 millones eran desplazados internos. ACNUR estima que más de la mitad de los refugiados del mundo viven en zonas urbanas, proporción que no hará sino aumentar.[71]

La vulnerabilidad ante nuevos desastres de una población desplazada es evidentemente mayor que la de aquellas personas que pueden seguir una vida estable. Sin medios de vida, recursos o redes de apoyo, los refugiados y las personas desplazadas a menudo precisan tanto protección (de la violencia continuada, incluyendo la violencia sexual) como ayuda material para poder sobrevivir. Pero los Estados muchas veces se muestran reacios a asistir a las personas desplazadas, al considerarlas una carga para los servicios públicos, una posible amenaza para el *statu quo* político, o incluso una amenaza para la seguridad.

En las próximas décadas, una población creciente y en movimiento, y el cambio climático exacerbarán los problemas actuales del mundo (conflictos, escasez de alimentos y falta de tierras) provocando un aumento significativo del número de personas que se verán obligadas a dejar sus hogares.[72] Algunas estimaciones indican que desde ahora y hasta el 2050 podrían quedar desplazadas hasta mil millones de personas.[73]

Elegir actuar

Veíamos las inundaciones como un hecho inevitable, sin hacer nada por impedirlas [...] pensábamos que era algo que Dios enviaba y con lo que teníamos que vivir. Ahora tenemos el equipo [de preparación ante emergencias] y estamos más preparados para afrontarlas. Hemos construido diques y plantado bambú para reforzar los márgenes del río y hemos identificado diversos lugares seguros en caso de que fuera necesaria la evacuación. Estamos haciendo mucho más que antes para prepararnos y afrontar las inundaciones.

Darius Gare, de la aldea de Tanali, en Flores, Indonesia, elegido coordinador del comité del equipo de emergencia de la aldea, 2008[74]

Sin duda vivimos en un mundo lleno de peligros. Y está claro que las personas pobres son las más vulnerables, tanto ante los conflictos como ante los desastres naturales. Pero, ¿qué estamos haciendo para remediar esta situación? *¿Y qué más deberíamos hacer?* Esta es precisamente la pregunta que se aborda en el resto del informe, empezando por un análisis del papel que debieran desempeñar los gobiernos.

El derecho a la asistencia humanitaria en el Derecho Internacional

Los dos instrumentos legales internacionales de mayor importancia para las personas afectadas por las crisis humanitarias son la Declaración Universal de Derechos Humanos y las Convenciones de Ginebra. Ninguno de ellos incorpora expresamente el 'derecho a la asistencia humanitaria', ni tampoco el derecho a la protección frente a riesgos previsibles como las tormentas y las inundaciones. Sin embargo, diversas interpretaciones avaladas por éstos y otros instrumentos claves en el Derecho Internacional abogan por que las personas tengan derecho tanto a la asistencia humanitaria como a la protección. Entre tales interpretaciones se encuentran los Principios Rectores de los Desplazamientos Internos de la Oficina de Coordinación de Asuntos Humanitarios de las Naciones Unidas, las Directrices Operativas sobre Derechos Humanos y Desastres Naturales del Comité Permanente Interagencias de las Naciones Unidas, el Código de Conducta relativo al socorro en casos de desastre del Movimiento Internacional de la Cruz Roja y de la Media Luna Roja y las ONG, y la Carta Humanitaria del Proyecto Esfera, desarrollada por diversas ONG entre las que se encuentra Oxfam Internacional.[75]

La Declaración Universal de los Derechos Humanos

'Todo individuo tiene derecho a la vida, a la libertad y a la seguridad de su persona.' Artículo 3 [76]

La Declaración Universal de los Derechos Humanos, junto con las convenciones vinculantes emanadas de la misma, confiere a todas las personas una serie de derechos universales, indivisibles e inalienables, incluyendo los derechos a la vida y a la seguridad. Obliga a los Estados a respetar los derechos humanos y a tomar las medidas necesarias para garantizar su realización plena.[77] Los Estados tienen el deber 'negativo' de no violar los derechos humanos y el deber 'positivo' de impedir activamente su violación.

Los Estados tienen por tanto el deber de prevenir y prepararse ante los desastres que puedan poner en peligro el derecho a la vida.[78]

Como garantes de esos derechos, están obligados también a tomar medidas proactivas para mitigar los efectos de todo suceso catastrófico.[79] Si los Estados carecen de la capacidad necesaria para aportar ayuda de emergencia por sí mismos, deben permitir que lo hagan otros. La Carta de la ONU dispone que los países tienen la obligación de colaborar en la 'solución de problemas internacionales de carácter [...] humanitario'.

Los Convenios de Ginebra: asistencia y derecho aplicable en el conflicto

'Cuando la población civil [...] esté insuficientemente dotada de [víveres, productos médicos, ropa de vestir y de cama, alojamiento y] otros suministros que sean esenciales para la supervivencia de la población civil, [...] se llevarán a cabo acciones de socorro que tengan carácter humanitario e imparcial y sean realizadas sin ninguna distinción de carácter desfavorable'.

Protocolo I a los Convenios de Ginebra 1977[80]

Los Convenios de Ginebra se aplican en situaciones de conflicto armado. Obligan a las partes en conflicto a hacer una distinción entre combatientes y población civil en todo momento y de otorgar protección especial tanto a civiles como a todas aquellas personas que ya no intervengan en las hostilidades.

Los Convenios de Ginebra y demás aspectos del Derecho Internacional Humanitario aportan una serie de normas a seguir para el trato humanitario de civiles en los conflictos, normas que quedan resumidas en un estudio autorizado en 2005.[81] Este análisis alega, entre otros aspectos, que todas las partes (sean Estados o actores no estatales como por ejemplo los grupos rebeldes) en cualquier conflicto (ya sea nacional o internacional) están obligadas a permitir y facilitar el paso rápido y sin impedimentos de ayuda humanitaria para los civiles necesitados, bajo ciertas condiciones: queda prohibida la destrucción de infraestructuras o servicios esenciales para la supervivencia (suministro de agua, instalaciones médicas, etc.); queda prohibida la negación de alimentos a civiles como método de guerra;[82] y se debe permitir la libertad de movimiento (sujeto también a determinadas condiciones) del personal humanitario, que además debe ser respetado y protegido.

Alexi y su familia (en primer plano), acogieron a familias que perdieron sus hogares por la violencia en Rutshuru, Kivu Norte, en la República Democrática del Congo, 2008.

Robin Hammond / Guardian

3

Gobiernos responsables y ciudadanos activos

Venían personas de aldeas vecinas que no se habían visto afectadas, con comida y ropa. Luego, así como un mes después del desastre, aparecía el gobierno con comida y ropa [...] un mes después del desastre como muy pronto.

Fransiskus, Indonesia, 2008[83]

Cuando sucede una catástrofe, la primera y más importante fuente de ayuda para los afectados suelen ser los familiares y los vecinos. Muchas personas se alojan con familiares o amigos, o en algunos casos con perfectos desconocidos. En 2008, cerca de un 70 por ciento de los 1,4 millones de personas desplazadas internas de la RDC vivían con familias de acogida en lugar de en los campamentos.[84]

Los amigos y familiares en el extranjero pueden ser una fuente de ayuda tan importante como aquellos que se encuentran más cerca de sus hogares. Datos recopilados en 2007 por el Instituto de Desarrollo Exterior británico (ODI, en *sus* siglas en inglés) parecen indicar que las remesas están cobrando una importancia notable como fuente de ayuda a familias y comunidades en situaciones de emergencia.[85]

Las empresas privadas y los individuos, los partidos políticos y los grupos de la sociedad civil desempeñan un papel fundamental en la aportación de ayuda a sus respectivas comunidades en tiempos de crisis. De hecho, en muchos casos estas organizaciones son la *única* fuente de ayuda. Tras el ciclón Nargis de 2008 en Birmania (Myanmar), fueron las instituciones religiosas de diversas confesiones presentes en el delta del Irrawaddy las que aportaron ayuda en los primeros días del desastre. También prestaron apoyo ciudadanos de a pie y empresas birmanas, limpiando carreteras y cursos de agua y aportando agua y comida. Presentes en casi todos los países del mundo, las sociedades nacionales de la Cruz Roja y de la Media Luna Roja pueden desempeñar asimismo un papel clave, tanto en la capacitación para respuestas de emergencia como en la respuesta propiamente dicha. Cuando surge una emergencia en un determinado país, como por ejemplo el terremoto de Kirguistán en octubre de 2008, éstas suelen ser las primeras organizaciones en aportar ayuda externa.[86]

Las personas, las comunidades y la sociedad civil responden espontáneamente y de manera generosa ante las necesidades de las personas afectadas por las emergencias en contextos tan diversos como el terremoto de 2008 de Sichuan, en China, el huracán Katrina en EE.UU. en 2005, o, en el momento de preparar

El presidente de China, Hu Jintao (centro) visita Beichuan, ciudad de la provincia de Sichuan, en China, devastada por el terremoto (mayo de 2008).

Paula Bronstein/Getty Images

este informe, la grave crisis política y económica que se vive en Zimbabwe. Lo hacen por lazos de parentesco, por convicción moral, por creencias religiosas, o por su idea de justicia.

La asistencia es un derecho

Pero por mucho que sean individuos, familias y comunidades locales o globales las que asuman la carga de la ayuda humanitaria, son los gobiernos los que ostentan la responsabilidad primordial, tanto de salvaguardar vidas en los desastres, como de garantizar la seguridad de las personas a largo plazo (es decir, seguridad frente a todo tipo de amenazas, ya sean de tipo medioambiental, epidemiológico, o como consecuencia de los conflictos o de la pobreza extrema).[87] Ver el cuadro de la página 40–41.

En 1948, todos los gobiernos del mundo se comprometieron de forma inequívoca, por medio del Artículo 3 de la Declaración Universal de los Derechos Humanos, a proteger el derecho a la vida y a la seguridad de todas las personas. Pero para que los derechos humanos cobren significado no basta con su mera existencia. Con demasiada frecuencia, las comunidades afectadas carecen de la asistencia necesaria para salvar vidas y proteger sus medios de vida en los primeros días tras un conflicto o desastre.

El interés político de los Estados

Para garantizar los derechos humanos, incluido el derecho a la vida, los Estados deben actuar por su interés político y moral. En última instancia, será mucho más probable que los gobiernos actúen si consideran que una respuesta eficaz a sucesos catastróficos e imprevistos podría reportarles ventajas políticas. Es más, con la excepción de perder una guerra, la incompetencia en la respuesta a una catástrofe nacional puede ser el error que mayor daño político provoque.[88] Ni siquiera las superpotencias se libran de este efecto. Algunos observadores políticos sostienen, por ejemplo, que las indecisiones y el hecho de no reconocer la magnitud del accidente nuclear de Chernobyl, en 1986, minó a los conservadores radicales del entonces Politburó soviético, permitiendo así que Mijail Gorbachov, Secretario General del Partido Comunista, tomara la iniciativa de promulgar sus reformas de apertura política (*glasnost*) y reestructuración económica (*perestroika*), con importantes consecuencias políticas.[89]

La respuesta al huracán Katrina, en 2005, por parte del gobierno de EE.UU. fue ampliamente criticada por su ineficacia, marcando un punto de inflexión en la presidencia de George W. Bush. En una encuesta encargada por el canal de noticias CBS en las semanas que siguieron al Katrina, el 65 por ciento de norteamericanos encuestados opinó que la respuesta de la administración Bush había sido inadecuada.[90] Aunque la valoración de la opinión pública con respecto a la respuesta del Presidente Bush a los huracanes Gustav y Ike en

Cómo la reducción de riesgo de desastres salva vidas en Bangladesh

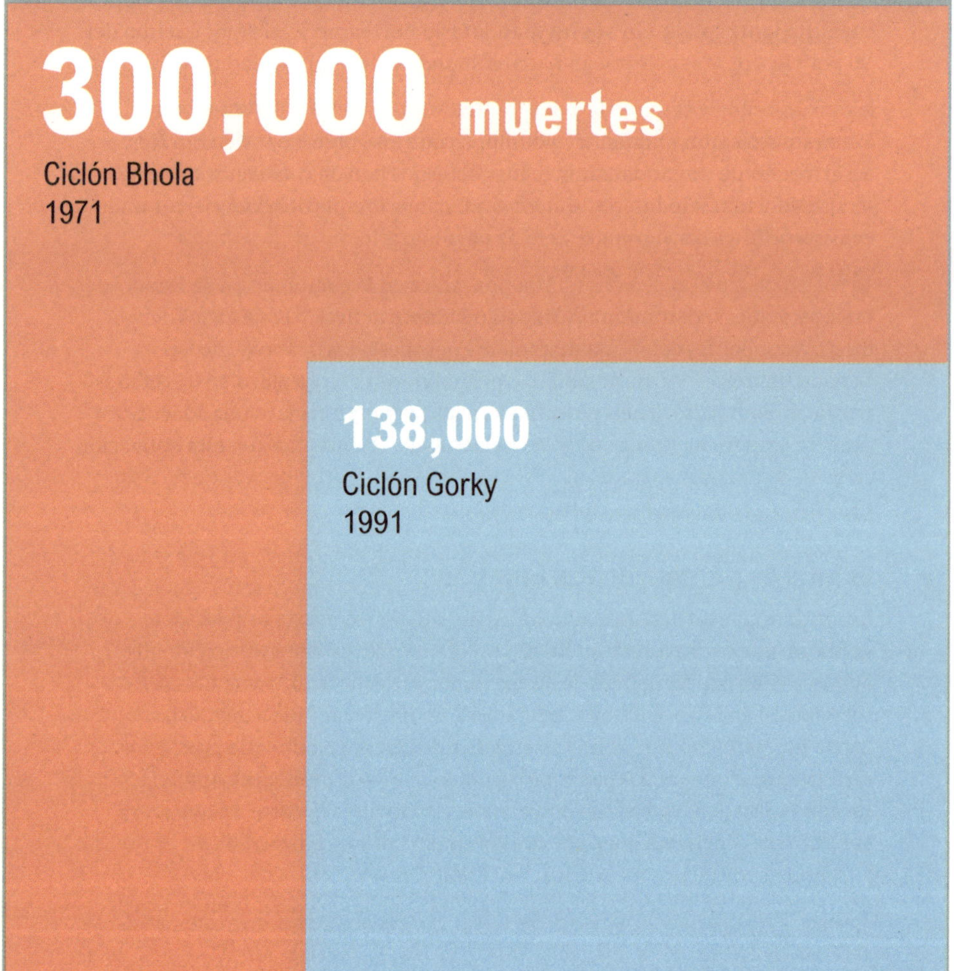

300,000 muertes

Ciclón Bhola
1971

138,000

Ciclón Gorky
1991

Ciclón Sidr
2007

3,000

Fuente: Secretaría de la Estrategia Internacional para la Reducción de Desastres de Naciones Unidas (ONUEIRD)

Tras una serie de tormentas catastróficas en los años 70, 80 y 90, el gobierno de Bangladesh introdujo un sistema de alerta temprana a 48 horas que permite que las personas sean evacuadas a refugios adecuados antes de que llegue un ciclón. Con este sistema se ha reducido drásticamente el número de víctimas en los ciclones.

2008 mejoró, siguieron las críticas a las autoridades, ya que no habían asistido adecuadamente a las personas más pobres y vulnerables, sobre todo a aquellas que no habían podido salir de las zonas afectadas por sus propios medios. Aunque tras el 11S el Presidente Bush alcanzó el índice de aceptación pública más alto jamás obtenido por un mandatario norteamericano (por encima del 90 por ciento), tras el huracán Katrina su índice de popularidad no volvería a superar el 42 por ciento.[91]

Pero esta reflexión pragmática no implica que los gobiernos actuarán siempre en el interés de sus ciudadanos. Si los gobiernos han de considerar que salvar vidas es del máximo interés, son los ciudadanos los que deberán ejercer una presión política consensuada y eficaz para lograrlo.

La realización de los derechos humanos radica en la combinación de Estados eficaces y que rindan cuentas y unos ciudadanos activos.[92] Los Estados deben asistir a sus ciudadanos inmediatamente después de producirse una crisis, además de reducir su vulnerabilidad ante el riesgo a largo plazo. Los afectados por las emergencias deben ser empoderados para exigir una ayuda adecuada y puntual y pedir cuentas a sus gobiernos cuando no cumplan con esta obligación.

Gobiernos responsables

El derecho de los ciudadanos a recibir asistencia humanitaria está claramente recogido en la legislación nacional de muchos Estados modernos.[93] Cuando se produce una respuesta exitosa a una emergencia nacional por parte del gobierno, rara vez aparece en los medios de comunicación internacionales. Pero esto no significa que no las haya. En mayo de 2008, el Monte Chaitén en Chile entró en erupción por primera vez en su historia. Pese a que no hubo alerta previa, el gobierno chileno envió rápidamente equipos de protección civil para evacuar a 8.000 personas afectadas. Se asignaron fondos para la emergencia y se enviaron camiones cisterna con agua potable, ya que el suministro local había quedado contaminado por las cenizas.[94]

La inversión pública en capacidad de respuesta ante emergencias y para la mitigación del impacto de los desastres (o reducción de riesgo de desastres) salva vidas en el corto y en el largo plazo. Cuba ha demostrado su capacidad de minimizar el número de víctimas producidas por el impacto de los huracanes que se suceden prácticamente cada año. Según un informe de la Federación Internacional de la Cruz Roja y de la Media Luna Roja, '[...] el éxito de Cuba en la preservación de vidas humanas mediante una oportuna evacuación al paso del huracán Michelle en noviembre del 2001 constituye un modelo de efectiva preparación al desastre impulsado por un gobierno'.[95] El huracán Michelle se cobró tan sólo cinco vidas en la isla ya que más de 700.000 personas habían sido evacuadas.[96]

'Durante días estuve escondida en el sótano de nuestra casa. Aún no puedo creer que sigo viva.' Mzia, de 75 años de edad, quedó desplazada por el conflicto de 2008 en Georgia. Durante el conflicto, la Asociación de Jóvenes Abogados de Georgia (GYLA) trabajó para aportar asistencia jurídica y representación legal a personas desplazadas como Mzia, asegurando su registro ante las autoridades locales e informándoles de sus derechos básicos.

Marie Cacace / Oxfam GB

La reducción de los riesgos que entrañan los desastres, estrategia que se analiza en mayor profundidad en el Capítulo 5, es una manera de reducir la vulnerabilidad ante crisis repentinas. Otra medida es invertir en mecanismos de 'protección social', dando derecho a los grupos más vulnerables (entre otros las personas pobres, desempleadas y mayores) a recibir subsidios del Estado. En el año 2005, la India promulgó su Ley Nacional de Garantía del Empleo Rural (NREGA), según la cual cada hogar del medio rural tiene derecho a 100 días de trabajo no cualificado y remunerado al año en proyectos de obras públicas. Para el 2008, la NREGA había conseguido generar 900 millones de empleos (medidos por persona/día) para la población rural pobre de la India. En un país que alberga a una cuarta parte de la población desnutrida del mundo, el potencial de la NREGA para reducir la vulnerabilidad ante el hambre es enorme.[97]

El cambio climático, debido a su impacto sobre el riesgo y la vulnerabilidad, está minando los derechos más básicos de las personas: el derecho a la vida, a la seguridad, a la alimentación, al agua, a la salud y al refugio, son un ejemplo.[98] La *responsabilidad* de esta violación de derechos humanos a nivel global corresponde a los países industrializados, que en el siglo pasado se enriquecieron mediante la utilización de combustibles fósiles elevando la cantidad de CO_2 en la atmósfera hasta los niveles actuales. Su riqueza significa además que estos mismos países son los que tienen la *capacidad* de respuesta.

Estos hechos imponen dos nuevas obligaciones a los gobiernos de los países ricos. En primer lugar, la obligación de cesar cuanto antes esta violación de derechos; es decir, evitar un 'cambio climático peligroso' mediante los recortes necesarios en las emisiones nacionales para que el calentamiento medio global se mantenga sustancialmente por debajo de los 2º C en comparación con niveles preindustriales. En segundo lugar, la obligación de ayudar a aquellos a quienes los recortes llegarían demasiado tarde, aportando fondos para que los países pobres puedan adaptarse a un cambio climático ya inevitable. Oxfam Internacional calcula que para ello se necesitan unos 50.000 millones de dólares anuales, cantidad que podría ser mucho mayor si no se recortan rápidamente las emisiones.[99]

Ciudadanos activos

La NREGA llegó a aprobarse gracias a que los legisladores nacionales de la India demostraron la voluntad política necesaria para hacer frente a la vulnerabilidad rural. Con una fuerte legislación basada en derechos y mecanismos claros de rendición de cuentas, la NREGA tiene el potencial para conseguir una mejora en los servicios públicos, alcanzando las exigencias de unos ciudadanos activos y empoderados.[100] Sin embargo, la implementación de la NREGA ha sido difícil en algunos estados de la India, entre otros por motivos

Sven Torfinn / Panos

Soldados del Ejército de
Liberación de Sudán (SLA)
patrullan el campamento de
Gereida en una furgoneta Toyota
customizada. Sur de Darfur,
Sudan (2007).

de corrupción.[101] Frente a estos obstáculos, el activismo de los ciudadanos será clave para permitir a la NREGA desarrollar todo su potencial.[102]

Este impulso por ofrecer una mejor asistencia suele verse potenciado por la acción ciudadana, que exige cuentas a los gobiernos cuando no cumplen con sus obligaciones. En Indonesia, tras el tsunami del Océano Índico, en 2004, la respuesta inmediata del gobierno dejó a muchas comunidades sin la asistencia adecuada. Oxfam Internacional apoyó a los grupos comunitarios a exigir a las autoridades locales, en base a los Principios Rectores de los Desplazamientos Internos de la ONU, una mejora de la asistencia humanitaria. Oxfam Internacional colabora en Indonesia con la organización Desarrollo Rural Integrado Flores (FIRD), una contraparte local que trabaja temas de gestión y respuesta ante desastres. Su mediación entre las aldeas y las autoridades locales ha ayudado a transformar la manera en que se aporta la ayuda:

> Antes, las autoridades locales tenían que acudir para dar apoyo [a las comunidades] en la distribución de ayuda. Pero ahora son las comunidades las que acuden a las autoridades diciendo, 'Estamos preparadas. ¿Qué pueden hacer ustedes ahora?

Dr. Syrip Tintin, FIRD, 2008[103]

Estados fallidos y Estados indiferentes

Pero el problema fundamental estriba en que muchos de los países en los que se encuentra la población más vulnerable son precisamente aquellos en que la rendición de cuentas entre Estado y ciudadanos es más débil. Algunos países alegan la carencia de recursos financieros como motivo de la falta de inversión en la preparación y respuesta ante desastres. Pero muchos Estados pobres han implementado de manera exitosa medidas adecuadas para la reducción de riesgo de desastres, lo cual sugiere que los recursos, por sí mismos, no constituyen el factor decisivo. Algunos Estados parecen sentir una total indiferencia hacia sus ciudadanos o tener otras prioridades. En noviembre de 2007, la República Dominicana sufrió el azote del huracán Noel, que causó 85 muertos y el desplazamiento de decenas de miles de personas. El gobierno no había alertado a la población de la tormenta que se avecinaba y no garantizó su seguridad. Entretanto, el gobierno estaba siendo criticado por invertir grandes cantidades en obras públicas enormemente ambiciosas, como el nuevo metro de la capital.[104]

Bloqueo a la asistencia

Una reducida pero significativa minoría de gobiernos y actores no estatales abusan intencionadamente de la población civil, ya sea dentro de su propio país o en territorios ocupados. En 2007, el Secretario General de la ONU, Ban Ki-moon, denunció que los conflictos estaban limitando o incluso impidiendo el acceso humanitario a más de 18 millones de personas en países como Irak,

Un porteador carga suministros en un helicóptero de Oxfam Internacional para su traslado a las zonas montañosas del norte de Pakistán afectadas por el terremoto de 2005.

Somalia, Sudán y Afganistán, bien por la situación generalizada de inseguridad o por obstrucción deliberada.[105] En 2007, Oxfam Internacional tuvo que retirarse de Gereida, en Darfur, donde prestaba servicios de abastecimiento de agua, saneamiento y educación en salud a 130.000 personas vulnerables, debido a que las autoridades locales no tomaron medidas para mejorar la seguridad tras los graves ataques sufridos por el personal humanitario.

Como consecuencia de la llegada al poder de Hamás en la franja de Gaza, en junio de 2007, el gobierno israelí impuso un bloqueo a este territorio, limitando gravemente el suministro de combustible, alimentos, equipamiento médico y demás artículos. Dieciocho meses después, en noviembre de 2008, Israel intensificó su bloqueo a la franja de Gaza, obligando a la Agencia de Naciones Unidas para los refugiados palestinos en Oriente Próxima (UNRWA) a suspender temporalmente la distribución de ayuda alimentaria a 750.000 personas, poniendo fin a un programa de dinero por trabajo para 94.000 personas y dejando a la mitad de la población de la ciudad de Gaza con agua corriente sólo unas horas cada semana.[106] Este hecho es tan sólo uno de los ejemplos más graves de las consecuencias habituales del bloqueo para la población civil de Gaza, cuyos efectos constituyen el castigo colectivo de hombres, mujeres y niños, actuación tipificada como delito en el Derecho Internacional.[107]

Cuando los civiles son blanco directo del conflicto, carece de sentido hablar de rendición de cuentas entre Estado y ciudadanos. En situaciones de este tipo hacen falta dos cosas: en primer lugar, una asistencia humanitaria internacional e imparcial, orientada a salvar vidas y proteger los medios de vida de forma inmediata; y en segundo lugar, una acción internacional proactiva que trate de modificar el comportamiento de esos Estados.

Asistencia internacional humanitaria

En 2007, las personas que se beneficiaron de la ayuda humanitaria aportada a través de llamamientos de la ONU sumaron más de 40 millones en todo el mundo.[108] Pero son muchos millones de personas más las que se benefician de ayuda humanitaria emanada de otras fuentes. En la mejor de las situaciones, la asistencia humanitaria internacional trabaja con las estructuras nacionales para aportar una asistencia puntual y adecuada que complemente y refuerce la capacidad del Estado.

Pero en los peores casos, la ayuda llega demasiado tarde y en cantidad insuficiente; a veces incluso es inadecuada o de baja calidad. La asistencia internacional humanitaria ha ido mejorando paulatinamente, pero sigue siendo trágicamente incoherente. ¿Qué mejoras se pueden introducir para que todas las personas necesitadas reciban la ayuda que merecen de fuentes tanto nacionales como internacionales? El siguiente capítulo abordará esta cuestión.

Una mujer llena una jarra con agua potable del sistema de abastecimiento de agua instalado por Oxfam Internacional en el norte de Pakistán, 2005. El personal humanitario de Oxfam Internacional sigue las normas mínimas de ESFERA en la respuesta a los desastres, que incluyen el cumplimiento de indicadores clave relativos al abastecimiento de agua potable para beber, para cocinar y para cubrir las necesidades de higiene personal y doméstica. (www.sphereproject.org).

Dan Chung/Guardian Newspapers Ltd

4

Calidad, imparcialidad y rendición de cuentas en la ayuda humanitaria internacional

Tan sólo 1.800 personas de los 10.000 habitantes de Leupung en Aceh (Indonesia) sobrevivieron a la devastación desatada por el tsunami del Océano Índico en diciembre de 2004. Una de esas personas fue Dedi. Para Dedi y el resto de su comunidad, la asistencia humanitaria fue crítica no sólo para poder sobrevivir, sino para reestablecer un cierto grado de normalidad, dignidad y control sobre sus vidas:

> Sabíamos que necesitábamos mucha ayuda, ya fuera del gobierno o de otros países a través de las ONG [...] Sabíamos que Leupung necesitaba ayuda, así que decidimos salir en busca de alguien [...] que nos ayudara. La Cruz Roja nos habló de Oxfam, por lo que acudimos a sus oficinas en Banda Aceh.[109]

La asistencia humanitaria internacional puede ser vital para personas como Dedi. En primer lugar, las agencias internacionales pueden ayudar a construir, reforzar o complementar la capacidad nacional de respuesta ante las crisis. En segundo lugar, pueden aportar asistencia directa en situaciones donde el conflicto, la negligencia política o sencillamente la falta de recursos hace que no exista ayuda a nivel nacional. Así, al menos, es como debería ser, pero no siempre es fácil conseguirlo. Una parte de la ayuda aportada por las agencias internacionales es de escasa calidad, está mal coordinada y se emplea sin rendición de cuentas. En algunas situaciones incluso puede ocasionar perjuicios. Una proporción demasiado elevada de los recursos se asigna de manera parcial o interesada, siguiendo prioridades políticas o de seguridad o según el grado de interés mediático. Muchas de las intervenciones internacionales apenas analizan la posibilidad de trabajar en colaboración con los gobiernos o las organizaciones nacionales de la sociedad civil.

Para Oxfam Internacional son cinco los aspectos clave para mejorar la aportación de una asistencia humanitaria acorde a las necesidades de este siglo XXI. Las personas afectadas por las emergencias deben recibir una ayuda que sea algo más que mera formalidad. Esta asistencia debe:

'Tuve que huir de mi aldea debido a los ataques de los militares. Si no hubiera llegado a este campamento, habría muerto.' Karo y su bebé, Happiness [Felicidad], campamento de Bulengo en Goma, República Democrática del Congo (2008).

Suzi O'Keefe / Oxfam

1   salvar vidas (que sea pertinente y de buena calidad y esté bien gestionada);
2   asignarse de manera imparcial en base a la necesidad;
3   rendir cuentas y estar dotada de mecanismos para denunciar fracasos o abusos;
4   aportar soluciones duraderas; y
5   contar con los recursos suficientes.

En este capítulo se estudia cómo la ayuda humanitaria podría cumplir los tres primeros objetivos señalados más arriba. Los dos últimos se abordan en los Capítulos 5 y 6 respectivamente.

Ayuda que salve vidas

Pertinencia y calidad

La asistencia humanitaria debe tener la calidad suficiente para permitir a las personas sobrevivir en situaciones de emergencia, cubriendo sus necesidades básicas de alimentación, agua potable, saneamiento, refugio y atención médica. La ayuda de escasa calidad puede perjudicar las perspectivas de supervivencia de las personas. Una ración insuficiente de alimentos, por ejemplo, puede afectar a la salud nutricional de personas vulnerables, pero fomentará que familias enteras se queden para recibirla en lugar de salir en busca de condiciones mejores.

Para ayudar a garantizar una asistencia de calidad, muchas agencias humanitarias internacionales disponen ya de una normativa transparente que guía su respuesta y pretende incidir sobre la de los demás actores. La Carta Humanitaria y Normas Mínimas de Respuesta Humanitaria en Casos de Desastre del proyecto Esfera, redactadas por primera vez a finales de los años 90 y revisada en 2004, define una serie de requisitos mínimos para la respuesta humanitaria, requisitos que abarcan todos los aspectos clave, entre otros el abastecimiento de agua y saneamiento, alimentación, nutrición y refugio. Las organizaciones humanitarias, tanto nacionales como internacionales, utilizan las normas de Esfera, entre otras, para instar a gobiernos nacionales, donantes y demás proveedores de ayuda a mejorar la calidad de la misma.[110] Las propias comunidades afectadas utilizan las normas de Esfera para exigir cuentas al personal de Oxfam Internacional.[111]

Pero las agencias humanitarias internacionales no siempre han sido coherentes en la aplicación de estas normas, y la calidad de muchos programas humanitarios sigue estando muy por debajo del nivel al que tienen derecho los beneficiarios. En los apartados siguientes se analizan dos áreas en las que es necesario mejorar: la orientación de la ayuda hacia las personas más vulnerables y la coordinación de la totalidad de los esfuerzos empleados.

Escasez alimentaria

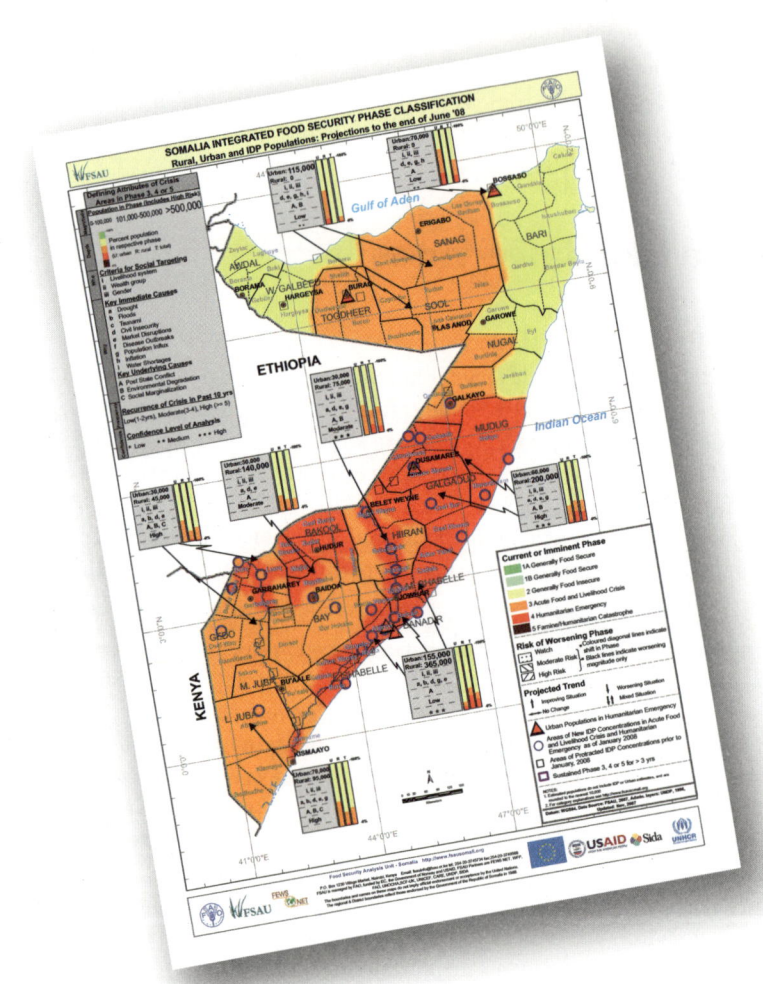

Este mapa muestra un método innovador para evaluar y presentar zonas de inseguridad alimentaria. La Clasificación Integrada en Fases de Seguridad Alimentaria (CIF) fue desarrollada, en un principio, en el contexto de Somalia por la Unidad de Análisis de Seguridad Alimentaria de la FAO (FSAU) para Somalia, en 2004.

La FSAU fue creada tras el colapso del Estado somalí a principios de los años 90 para realizar un análisis global de seguridad alimentaria y recopilar información clave sobre la situación de los medios de vida, la producción de los cultivos, los precios de mercado, la nutrición y otros aspectos.

Orientación eficaz

La evaluación adecuada de las necesidades de las poblaciones afectadas es un área donde las respuestas humanitarias pasadas han adolecido de una debilidad endémica.[112] Para poder decidir la mejor manera de ayudar a las personas, para encontrar las contrapartes más adecuadas y para dilucidar qué emergencias deben tener prioridad en la asignación de los recursos disponibles, es imprescindible realizar una valoración eficaz de las necesidades, con la participación de la comunidad afectada. Es necesario analizar los grupos más vulnerables de una población determinada para poder entender quiénes son las personas más afectadas por la emergencia, qué necesitan y de qué capacidad de autoayuda disponen. La vulnerabilidad vendrá determinada por el género, la edad, el estado físico y la etnia, entre otros factores. Pero en demasiados casos las evaluaciones siguen haciendo caso omiso de las vulnerabilidades en base a la identidad, tratando a la totalidad de la población como iguales y respondiendo en consecuencia. Y no es porque las agencias humanitarias carezcan de los conocimientos necesarios para hacerlo, sino porque no consideran que sea una prioridad.

Es fundamental otorgar al diagnóstico de necesidades la prioridad que merece, aunque son necesarias dos acciones más. La primera es aportar una financiación suficiente y flexible para poder realizar valoraciones lo más rápidas y eficaces posibles. Los donantes internacionales no han hecho todo lo posible por garantizar que existan fondos destinados exclusivamente para este fin; de hecho, muchos donantes se niegan a financiar análisis de este tipo.

La segunda necesidad es una mejor preparación. Si el gobierno nacional, la sociedad civil, e incluso las organizaciones humanitarias internacionales, no disponen de antemano de los conocimientos, de los recursos y de una metodología consensuada para realizar el diagnóstico de necesidades, a menudo se pierde un tiempo valioso cuando surge una emergencia y es necesario apresurarse para organizar la respuesta. Estar debidamente preparados para realizar un diagnóstico de necesidades debe constituir un requisito necesario de la preparación general ante emergencias.

Un análisis de mayor calidad ayudará a orientar la respuesta hacia las personas más vulnerables en las crisis humanitarias. Toda respuesta debe ser sensible ante necesidades específicas por motivo de género, edad, grupo étnico y demás factores, y aportar aquello que cada grupo necesita y pide. Pese a la extensa retórica empleada, muchos programas de ayuda aún no están a la altura en este aspecto. Algunos exacerban inconscientemente desigualdades ya existentes, entre hombres y mujeres por ejemplo, o, pese a sus mejores intenciones, hacen a los beneficiarios vulnerables a la violencia. En el campamento de Goz Amir en Chad, las mujeres desempeñaron un papel fundamental en la evaluación e implementación de los programas de Oxfam Internacional en temas de salud pública. Tuvieron la desacostumbrada oportunidad de obtener empleo

Barco fletado conjuntamente por Oxfam Internacional y MSF, Freetown, Sierra Leona (2001).

Crispin Hughes / Oxfam

remunerado y aprender nuevas habilidades que les serían de utilidad para el mercado. Al hacer esto, existía el peligro de crear un potencial resentimiento en los hombres y en los líderes comunitarios, ya que podrían considerar que las mujeres estaban tomando los roles tradicionales masculinos, y beneficiándose desproporcionadamente de la ayuda. Fue importante velar por que las mujeres trabajaran junto con hombres beneficiarios y líderes comunitarios de manera que se viera que el trabajo beneficiaba tanto a mujeres como a hombres.[113]

Buena coordinación y liderazgo

Desde la crisis de los Grandes Lagos, a mediados de los años 90, el número de agencias y donantes humanitarios operativos en el mundo ha aumentado de forma significativa. Este crecimiento significa, por un lado, mayores habilidades y mayor capacidad. Pero también conlleva una mayor competencia para obtener recursos y atención mediática y, posiblemente, mayor confusión en la coordinación entre las distintas agencias sobre el terreno.[114] La pobre respuesta humanitaria inicial a la crisis de Darfur, por ejemplo, fue atribuida en gran medida a la falta de coordinación.

Las consecuencias de una coordinación deficiente pueden ser graves. Comunidades enteras pueden quedarse sin asistencia mientras otras reciben más de lo que necesitan. Quizás haya varias agencias dedicadas a la alimentación o la salud pública, mientras que otras necesidades, como la protección frente a la violencia, pueden quedar olvidadas.[115] Una mala coordinación menoscaba también la rendición de cuentas de los Estados. Resulta casi imposible para un Estado asumir la responsabilidad de una respuesta de emergencia si la división del trabajo entre gobierno, la ONU y las agencias humanitarias no está clara.

En 2005, la ONU encargó el informe *Humanitarian Response Review*, en parte para abordar estos problemas.[116] Entre las recomendaciones de la revisión se encontraban una serie de mejoras en la coordinación y la financiación, entre otras el enfoque de grupo sectorial (*cluster approach*), que otorgaba a las distintas agencias de la ONU responsabilidad sobre distintos 'sectores' (agua, saneamiento e higiene, alimentación, etc.). En algunos países, las distintas agencias de la ONU han liderado 'grupos sectoriales' incluso a nivel nacional. Una evaluación realizada en 2007 determinó que el enfoque de grupos sectoriales había conseguido cierta mejora sistémica en la respuesta y el liderazgo humanitarios en su conjunto.[117] Pero destacó también que, en general, la coordinación con los gobiernos nacionales seguía siendo escasa, salvo en contados casos como el de Filipinas, donde el gobierno es el encargado de coordinar los grupos sectoriales. Tampoco existen mecanismos eficaces para cuestionar el pobre rendimiento en tiempo real, ya sea sobre el terreno o en el ámbito global. Las agencias de la ONU han tardado en dar prioridad a sus responsabilidades como 'líderes sectoriales', y por ello los recursos llegados a cada país han sido insuficientes. La colaboración entre agencias de la ONU y

Allan Gichigi / IRIN

John Holmes, Coordinador de la ONU para Ayuda de Emergencia, visita a personas desplazadas por el conflicto en Molo, en la provincia del Valle del Rift en Kenia (febrero de 2008).

ONG internacionales ha ido mejorando lentamente, pero no se ha implicado suficientemente a la sociedad civil. Además, existen también dudas sobre la eficacia del enfoque sectorial en caso de surgir múltiples emergencias a la vez.[118]

La importancia del liderazgo

La ONU puede jugar un papel clave en el liderazgo de las crisis humanitarias. Pero el fracaso continuado en la contratación de Coordinadores Humanitarios (CH) experimentados y competentes (los CH son funcionarios contratados por la ONU para supervisar la respuesta humanitaria en un país concreto) es una realidad reconocida por personas tanto de dentro como de fuera de la ONU.[119] En 2008, Thomas Gareth, secretario de Estado de Cooperación Internacional en el Gobierno de Reino Unido, criticó la inoperancia de la ONU, afirmando que 'esta ausencia de liderazgo se cobra vidas'.[120]

La creación en el seno de OCHA de una oficina encargada de mejorar la selección y formación de futuros CH servirá en cierta medida para ampliar y diversificar el número de coordinadores disponibles, además de para proporcionar formación y apoyo.[121] Pero el verdadero problema va mucho más allá de la mera formación, o incluso de los procedimientos de selección. La función de los CH es fundamental para una respuesta humanitaria internacional eficaz, pero sin embargo la mejora en la selección o en el rendimiento de estas personas no ha recibido la prioridad de otras reformas humanitarias.[122] Además, la práctica frecuente de combinar la función de Coordinador Humanitario con otras funciones de peso en la ONU (como por ejemplo Coordinador Residente de la ONU o Vice-representante Especial del Secretario General) diluye su efectividad y puede dar lugar a conflictos de intereses. No parece realista esperar que una misma persona pueda desempeñar todas estas funciones. Además, y como veremos en el siguiente apartado, es imprescindible disponer de un 'cortafuegos' entre las actividades humanitarias de la ONU, por un lado, y sus funciones políticas y militares por otro.

Ayuda imparcial

La imparcialidad no es simplemente un principio abstracto, sino algo que comprenden y valoran muchas de las personas que reciben ayuda humanitaria.[123] Tras las inundaciones que afectaron a Indonesia en 2007, Oxfam Internacional puso en marcha un programa de dinero por trabajo. Era un momento de enormes tensiones políticas debido a la campaña electoral en curso, y por tanto era de especial importancia que el dinero se repartiera con imparcialidad y transparencia. Budiono, que trabajaba para la contraparte de Oxfam Internacional Bina Swagiri, explicó que la imparcialidad, al igual que la justicia, tiene que quedar patente:

Jane Beesley / Oxfam GB

'Estábamos contentos porque
todos sabíamos lo que iba a
ocurrir.' Sri Haryani, quien recibió
dinero como parte de una
programa llevado a cabo por
Oxfam Internacional y su
contraparte Bina Swagiri,
Indonesia (2008).

[Los integrantes de la comunidad] dicen, 'Es como recibir ayuda de los ángeles' – es ayuda limpia [...] sin corrupción [...] No existen sospechas a ningún nivel, ni miedo por que el dinero fomente la corrupción. La comunidad espera que los programas del gobierno sean como éste.[124]

Se dejó bien claro que la ayuda provenía de Oxfam Internacional y de Bina Swagiri y que el dinero se otorgaba en base a la necesidad. Sri Haryania, una persona local beneficiaria del dinero, explicó: 'Todos hemos visto el aviso [un acuerdo firmado entre la contraparte y Oxfam]; está expuesto en un lugar visible para todos [...] se colocó ahí en presencia de todos.'[125]

La asignación de la ayuda en base a la necesidad, sin mediar intereses políticos, militares o de otra índole, resulta fundamental por dos motivos principales. En primer lugar, obviamente, porque así se conseguirá que la ayuda llegue a las personas que más la necesitan. En segundo lugar, porque reduce la probabilidad de que la ayuda genere resentimientos o acusaciones de parcialidad, y por ello riesgos tanto para la propia operación humanitaria como, en ocasiones, para la seguridad de los que participan en ella. Si la ayuda se percibe como imparcial, se reduce el riesgo de que tanto la *recepción* como la *aportación* de ayuda se consideren una acción política, con los riesgos que ello implica.

En Colombia, por ejemplo, algunas comunidades han rechazado ayuda esencial del gobierno por temor a represalias violentas de los grupos armados. En Afganistán y otras muchas crisis, el personal humanitario ha sido objeto de ataques al ser considerados por los insurgentes herramientas de una injerencia internacional. Según un estudio realizado en 2008 en Irak, la creencia de que existe una relación entre las agencias humanitarias y las fuerzas multinacionales ha limitado gravemente la operatividad de las primeras.[126] Este hecho refleja una tendencia global más generalizada: los ataques violentos contra el personal de las agencias humanitarias han aumentado hasta un nivel sin precedentes; una proporción cada vez mayor de ataques dirigidos hacia el personal humanitario se debe a motivos políticos, en lugar de ser fruto de robos o violencia indiscriminada.[127] En muchos conflictos, los combatientes consideran a los civiles y a aquellos que procuran ayudarles un blanco legítimo de sus ataques.[128] Los esfuerzos de las agencias humanitarias por manifestar su imparcialidad no siempre son suficientes para prevenir este fenómeno.

Se ha afirmado en multitud de ocasiones, y especialmente desde el comienzo de la llamada 'guerra contra el terror', que los gobiernos no deben incluir a las agencias humanitarias en sus estrategias políticas y militares, para ser, como las denominó en su día Colin Powell, 'fuerzas multiplicadoras' en la lucha contra el terrorismo. Muchas de estas afirmaciones son totalmente válidas, pero los gobiernos aún no han aprendido las lecciones que de ellas se desprenden. Pero tampoco las propias organizaciones humanitarias internacionales han hecho lo suficiente por conseguir una imagen imparcial en los conflictos. Tal y como afirmaba una importante ONG estadounidense, la utilización tanto de fuerzas

Efectivos del ejército pakistaní
descargan de un helicóptero
Chinook de EEUU ayuda de
emergencia para las víctimas del
terremoto, Muzaffarabad,
Pakistán, 2005.

Edward Parsons / IRIN

militares de la coalición como de contratistas privados en el reparto de ayuda tras la invasión de Irak liderada por EEUU '[...] no hizo sino difuminar las diferencias entre agencias humanitarias, contratistas y actores militares'.[129] Sin embargo, en 2007, algunas importantes ONG seguían manteniendo una estrecha relación con las fuerzas de la coalición en Irak, utilizando tanto personal militar como contratistas privados para dar seguridad a sus operaciones humanitarias.[130]

También la ONU ha empañado las diferencias entre sus funciones políticas y militares y sus actividades humanitarias, al reunir ambas funciones bajo una gestión única en las llamadas 'misiones integradas'. En Afganistán, la reiterada negativa de la ONU de crear un 'cortafuegos' entre sus funciones humanitarias y militares no ha ayudado a cambiar la percepción de los insurgentes de que la totalidad de la misión de la ONU trabaja para lo que ellos consideran una invasión hostil de Occidente. Tan sólo en los siete primeros meses de 2008 murieron cerca de 30 trabajadores humanitarios en Afganistán como consecuencia de ataques por parte de grupos insurgentes.[131]

Los gobiernos, algunas ONG, la ONU y demás organizaciones deben aprender a mantener una clara línea divisoria entre actores humanitarios civiles y militares. Si bien en situaciones como la de Afganistán los gobiernos sin duda buscarán utilizar todas las herramientas a su disposición para alcanzar los objetivos previstos, no deben hacerlo a costa de la independencia de las agencias humanitarias o, lo que es aún más importante, de la necesidad de los civiles de recibir ayuda de manera imparcial. Una adecuada comunicación entre las agencias militares y civiles involucradas en una crisis concreta no debería significar que la ayuda sirva primordialmente a intereses políticos o de seguridad. Debe quedar claro que la finalidad de la ayuda es salvar vidas o aliviar la pobreza.

Sin embargo, nada de lo anterior pretende sugerir que la provisión de asistencia por parte de las fuerzas militares sea un error en sí misma. En algunos países, sobre todo en el Asia meridional, oriental y sudoriental, los ejércitos nacionales desempeñan un papel clave en la provisión de la ayuda, en la evacuación de personas antes de los desastres y en los trabajos posteriores de rehabilitación. Cuando un enorme terremoto sacudió Pakistán y la India en octubre de 2005, efectivos militares de Australia, Libia, los Emiratos Árabes Unidos y Afganistán, junto con personal de la ONU, la OTAN y organizaciones humanitarias independientes como MSF y Oxfam Internacional, se unieron a los esfuerzos del ejército pakistaní para aportar la capacidad aérea necesaria que llevaría la ayuda a los más necesitados.

En un conflicto, las partes en guerra tienen la obligación legal de facilitar el flujo de ayuda humanitaria a las poblaciones civiles. Pero la utilización de las fuerzas militares para distribuir ayuda en una situación de conflicto entraña graves riesgos. En última instancia, si existe la percepción de que la asistencia humanitaria proviene de una u otra de las partes en guerra, más trabajadores humanitarios morirán y hombres, mujeres y niños se quedarán sin la ayuda que tanto necesitan

Efectivos del batallón indio de la
Misión de Naciones Unidas en la
República Democrática del Congo
(MONUC), Goma, RDC, 2008.

Marie Frechon / UN

para sobrevivir. Existen diversas directrices internacionales sobre la utilización de activos militares en la ayuda de emergencia, directrices que deben seguirse.[132] En un conflicto, la norma básica debe ser que los activos militares se utilicen para la distribución de ayuda únicamente cuando no haya una alternativa civil viable.[133]

Es fundamental el diálogo entre las agencias humanitarias y los encargados de la política militar si se han de superar los malentendidos que aún existen entre algunos de ellos. Las agencias humanitarias han consultado activamente a muchos gobiernos de países miembros de la OTAN, pero es urgente que dialoguen también con los principales colaboradores en las operaciones multilaterales de mantenimiento de paz, como son Nigeria, Pakistán, India y Bangladesh, para garantizar que se apliquen siempre las mejores prácticas.[134]

Asistencia humanitaria y sensibilidad al conflicto

La asistencia humanitaria se suministra muchas veces a en situaciones donde el conflicto es una realidad cotidiana. Las personas beneficiarias de la ayuda quizás sean partidarias, o percibidas como partidarias, de facciones políticas o militares concretas. En otras circunstancias, la seguridad puede ser tan pobre que la ayuda en sí misma suponga un riesgo para la seguridad de quienes la reciben. En 2007, y durante un periodo de tres meses, las familias de Kisharo, en la RDC, pidieron a las ONG internacionales que dejaran de suministrar lonas de plástico, aunque era evidente que las necesitaban. Temían más los ataques de los saqueadores que la carencia de refugio.[135] En situaciones así, el reto para las agencias humanitarias es evitar poner en peligro a las personas con las que trabajan e identificar cómo reducir la vulnerabilidad de las comunidades ante los conflictos por medio de sus programas.[136]

Pero pocas agencias humanitarias disponen de la capacidad o la experiencia necesaria para evaluar los riesgos que tienen sus programas de agravar los conflictos, a pesar de que los donantes han empezado a exigir que se incluya en su trabajo un plan de sensibilidad al conflicto.[137] Las etapas iniciales de la respuesta humanitaria internacional en Darfur fueron criticadas por no tener en cuenta las causas subyacentes del conflicto.[138] Con frecuencia se dejan de lado las valoraciones sobre el impacto que un programa puede tener sobre el conflicto en favor de actuaciones de emergencia más inmediatas.

La programación humanitaria se desarrolla, a menudo, en situaciones volátiles, con alta rotación de personal, escasa capacidad de análisis y donde las lecciones no siempre son aprendidas. Las presiones morales, políticas y financieras que exigen poner en marcha una respuesta y que sea además visible, priman la actuación frente al análisis.[139] Para capacitar a las organizaciones humanitarias en sensibilidad a los conflictos se requiere un enfoque de largo plazo hacia el desarrollo de capacidades, así como un análisis del conflicto sólido y continuado, tanto antes como durante la ejecución de los programas humanitarios. Estos análisis deben hacerse en base a un vínculo con las comunidades locales fuerte,

Reparto del programa de dinero por trabajo de Oxfam Internacional en Indonesia. El recuento del dinero se realiza en una reunión pública con la comunidad beneficiaria (2008).

Jane Beesley / Oxfam GB

transparente y con rendición de cuentas.[140] El trabajo con las organizaciones locales ayuda también a mejorar este análisis, y a garantizar que el diseño y las actividades del programa tienen en cuenta su posible impacto sobre el conflicto.

Ayuda con rendición de cuentas

Antes [...] nadie nos escuchaba. Con ayuda [de SEED, una de las contrapartes de Oxfam] fuimos a la ciudad en autobús para ver al Kachcheri [funcionario de las autoridades locales] [...] se llevó una sorpresa enorme. Le contamos que no teníamos transporte para casos de emergencia, y nos proporcionó un trishaw, que aún seguimos utilizando. Le pedimos un pequeño refugio que proporcionara sombra y nos lo concedió. En las tiendas siempre nos engañan con el peso de las raciones de los alimentos secos. Le pedimos también al funcionario que nos diera una balanza para comprobar los pesos.[141]

Conversaciones con un grupo de mujeres, campamento de Sithamparapuram, en Sri Lanka

A menos que mujeres y hombres puedan exigir cuentas a su gobierno (o proveedor que corresponda) sobre la ayuda que tienen derecho a recibir, es poco probable que sea adecuada, apropiada o equitativa. Por desgracia, las emergencias tienden a incidir negativamente en la rendición de cuentas entre un Estado y sus ciudadanos. Los desastres a menudo interrumpen o destruyen las comunicaciones, dejan inutilizadas las infraestructuras de servicios básicos e impiden el funcionamiento de las agencias públicas. Los desastres naturales pueden destruir o desplazar a comunidades enteras, minando la confianza de las personas para exigir a las agencias públicas. Además, como se ha dicho anteriormente, los Estados con las poblaciones más vulnerables ante las emergencias suelen ser también aquellos en que se da una rendición de cuentas más débil entre el Estado y sus ciudadanos.

En muchas emergencias, la asistencia internacional puede servir para complicar aún más las cosas. Al suministrar la ayuda, las organizaciones internacionales corren el riesgo de eximir a los gobiernos de sus obligaciones, reduciendo con ello la probabilidad de que se vuelvan a poner en marcha en un futuro los servicios básicos. Las propias agencias humanitarias internacionales apenas rinden cuentas de forma directa a las personas con las que trabajan. Aunque algunas agencias han realizado esfuerzos por remediar esta situación, la mayoría tiene aún mucho camino por recorrer para cumplir sus propias normas mínimas de funcionamiento.

¿Cómo puede entonces fomentarse la autonomía de las personas en las emergencias de manera que puedan ejercer un control sobre la ayuda humanitaria que se les proporciona y exigir cuentas a quienes la proporcionan? ¿Qué pueden hacer las agencias internacionales para apoyar este proceso?

Para ser sensible a las necesidades, la asistencia humanitaria debe ser transparente y fomentar la participación de los beneficiarios. Los procesos de

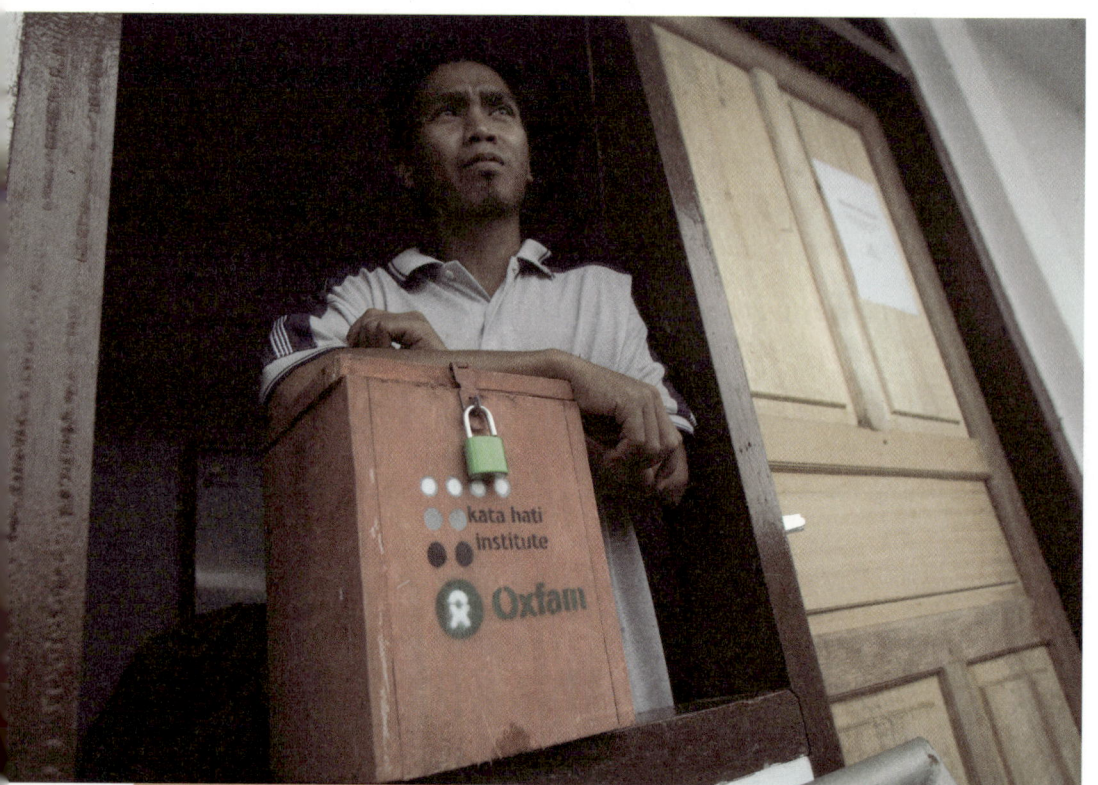

M Yaqob, del Instituto Kata Hati de Indonesia, instalando un buzón cerrado con llave para que los beneficiarios de esta organización puedan aportar sugerencias y quejas. El Instituto Kata Hati recibe fondos de Oxfam Internacional para la realización de este proyecto (2005).

Jim Holmes / Oxfam GB

toma de decisiones deben ser abiertos y comunicados adecuadamente. Durante la crisis alimentaria sufrida en Malawi, en 2006, las comunidades afectadas eligieron en un foro público a los beneficiarios del programa de Oxfam Internacional, mediante la aplicación de criterios consensuados. En las decisiones sobre cómo funcionaría el sistema de reclamaciones participaron de forma plena representantes de las comunidades afectadas, tanto mujeres como hombres. De una muestra de 1.100 personas entrevistadas en una evaluación posterior, todas afirmaron conocer las raciones a las que tenían derecho, cómo hacer para recibir esas raciones y quién era responsable de su distribución. También conocían sus derechos, como por ejemplo que no tenían que dar nada a cambio de lo que se les entregaba, y qué hacer en caso de que así se les exigiera.

También es necesaria la transparencia organizacional y financiera, que se logra mediante la publicación (siempre que las condiciones de seguridad lo permitan) de datos de contacto, presupuestos y planes de proyecto en lugares a los que tengan acceso los beneficiarios.[142] Oxfam Internacional utiliza tablones de anuncios en muchos de sus proyectos, así como reuniones públicas u otros medios como folletos o periódicos locales para difundir la información.

Pero más importante aún es que las agencias humanitarias dispongan de procedimientos claros para que las personas beneficiarias puedan denunciar casos de incumplimiento o abusos. En 2002, un informe conjunto de ACNUR y *Save the Children* sacó a la luz la existencia generalizada de explotación y abusos sexuales en campamentos de refugiados y desplazados en el África occidental, abusos que eran perpetrados por las mismas personas que supuestamente estaban ahí para protegerles, personal de ONG nacionales e internacionales, personal de la ONU y efectivos de mantenimiento de la paz.[143] Éstas y otras revelaciones posteriores han demostrado que ninguna agencia está exenta del riesgo de que sus propios empleados cometan abusos y explotación sexual. En Zimbabwe, Oxfam Internacional trabajó concretamente para impedir la explotación y los abusos sexuales por parte de su propio personal y del personal de las contrapartes con las que trabajaba en los programas de ayuda alimentaria a personas desplazadas. Oxfam Internacional y sus contrapartes, junto con los Comités de Distribución de las aldeas y otras organizaciones, seleccionaron a los que serían beneficiarios de la ayuda en un foro transparente que permitió identificar de manera abierta y justa a las personas más necesitadas. Oxfam Internacional informó a las personas afectadas por la emergencia del proceso de distribución y de su derecho a la asistencia (explicando también que no tenían que conceder favores sexuales, ni compensación de otro tipo, a cambio de la ayuda que les correspondía).[144] Se colocaron buzones de sugerencias como medio para que las personas pudieran comunicar sus posibles inquietudes de manera anónima. Pese a que la contraparte de Oxfam Internacional en un principio se mostró reacia a adoptar este sistema, por la sospecha de que se habían dado intentos de forzar los buzones, la idea medró y fue utilizada por la contraparte incluso al margen de los programas de Oxfam Internacional.[145]

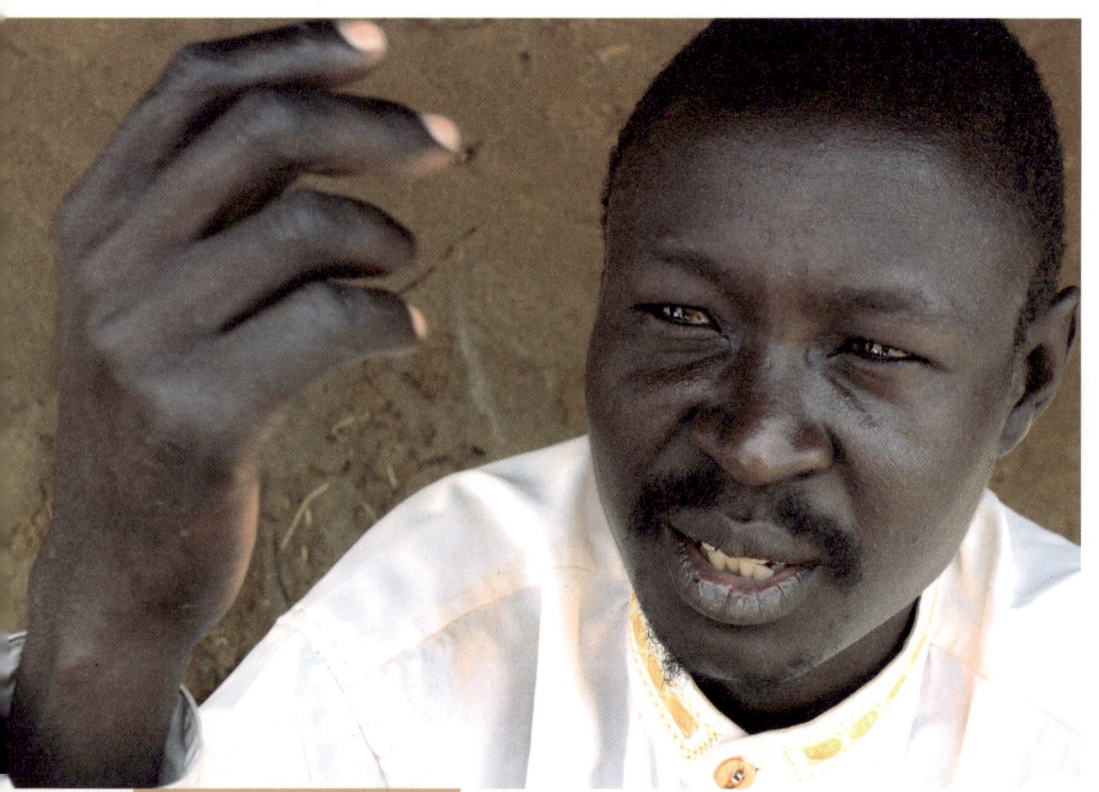

Geoff Sayer / Oxfam GB

'Para mí, el método utilizado por Oxfam fue bueno. Oxfam trasladó la responsabilidad a los líderes comunitarios.' Las funciones de Simon Opedun, como 'persona de recursos de la comunidad', abarcaban, por un lado, diagnosticar y comunicar los problemas de salud y por otro, trasladar las necesidades de su comunidad a las autoridades locales (Uganda, 2007).

Las agencias internacionales de asistencia humanitaria tienen asimismo la obligación de procurar, en la medida de lo posible, invertir en recursos humanos y materiales locales. Esto no es algo nuevo,[146] pero algunas agencias humanitarias internacionales siguen alegando que el hacerlo provoca un retraso en la respuesta. Esto va en contra del reconocimiento de la labor y función de las organizaciones locales de la sociedad civil y de las autoridades locales, que son muchas veces quienes están mejor situadas para responder de manera eficaz sobre el terreno. Pero más importante aún es el hecho de que, al no trabajar con organismos locales, es menos probable que se creen estructuras sostenibles capaces de abordar los efectos de posibles futuras crisis. En algunas zonas del norte de Uganda, Oxfam Internacional trabajó a través de los comités de las aldeas y las autoridades de distrito para llevar a cabo sus actividades humanitarias. Esto se debió en parte a que, con anterioridad al 'cese de hostilidades' acordado en 2006 entre el gobierno y el Ejército de Resistencia del Señor, la situación de inseguridad a menudo impedía a Oxfam Internacional la realización directa de actividades en la región.[147] Pero, además, es una manera de trabajar que tiene ventajas prácticas: en primer lugar, ayuda a la construcción de servicios locales sostenibles y, en segundo lugar, refuerza la rendición de cuentas de las autoridades locales. Esta manera descentralizada de trabajar ha tenido un impacto considerable en la reducción de la dependencia de la ayuda en un contexto de necesidades humanitarias crónicas. Al mismo tiempo, el énfasis de Oxfam Internacional en los principios de calidad y en el derecho a la asistencia ha fomentado la capacidad y la disposición de la propia comunidad a exigir mejores servicios de su gobierno.

Mirando al futuro

Muchas organizaciones humanitarias internacionales reconocen, al menos sobre el papel, la necesidad de involucrar a las personas afectadas por las emergencias en la evaluación, el diseño y el seguimiento de los proyectos. Muchas han puesto en marcha mecanismos de reclamación en proyectos concretos. Es así como debe ser, tanto para conseguir que las intervenciones humanitarias sean más pertinentes, más enfocadas y más sostenibles, como para cumplir las normas mínimas de una ayuda eficaz que la mayoría de agencias se han fijado.

En este capítulo se han analizado una serie de temas relativos a cómo mejorar la calidad de la respuesta humanitaria inmediata. Pero la mejora de la calidad es sólo una parte de la reforma que se precisa. Para abordar la vulnerabilidad a largo plazo ante los desastres, las agencias humanitarias deberán ampliar el alcance de su trabajo. Deben mirar más allá de las intervenciones humanitarias tradicionales dirigidas a superar las amenazas inmediatas para la vida. Salvar vidas es, desde luego, primordial, pero en la mayoría de las situaciones la actuación orientada a salvar vidas no tiene por qué impedir que se reduzca también la vulnerabilidad ante posibles emergencias futuras. En el Capítulo 5 se analizan algunas de las estrategias que podrían adoptarse para conseguirlo.

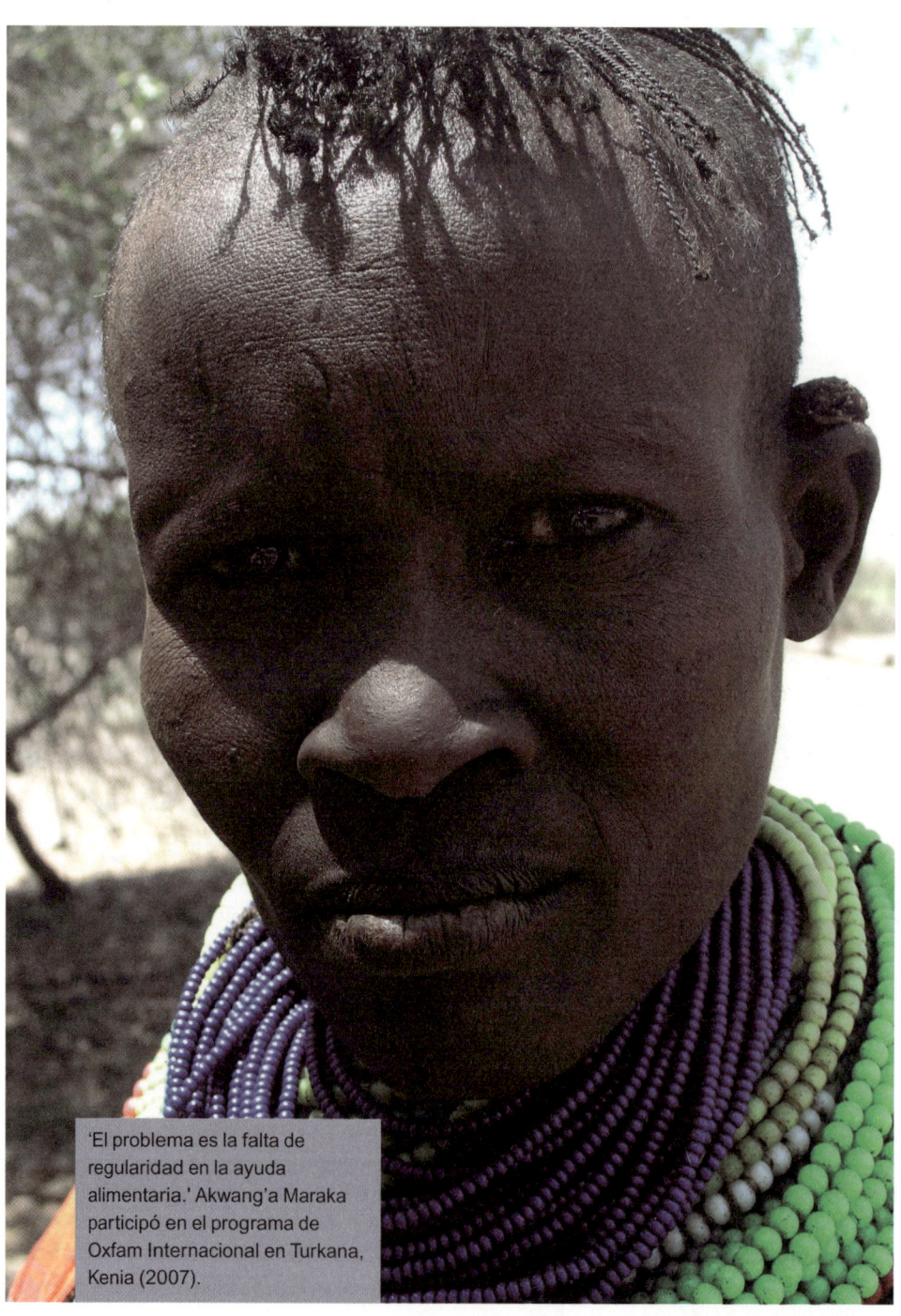

'El problema es la falta de regularidad en la ayuda alimentaria.' Akwang'a Maraka participó en el programa de Oxfam Internacional en Turkana, Kenia (2007).

Jane Beesley / Oxfam GB

5

Soluciones a largo plazo para problemas de largo plazo

Ahora se acabará la ayuda alimentaria y como puede ver seguimos teniendo dificultades [...]. Así que cuando se acabe la ayuda alimentaria tendremos que utilizar todo lo que hemos conseguido o comprado para montar estos pequeños comercios [para poder comer].

Akwang'a Maraka, Turkana, Kenia, 2007[148]

Para Akwang'a y su vecina, Anna Pedo, la comida escasea todos los años, poniendo en peligro su vida y la de su familia, aunque el mundo no haya declarado que existe una emergencia. 'Ya hemos recibido ayuda alimentaria en otras ocasiones, pero es poco fiable,' dice Anna. 'A veces la recibimos, y a veces no [...]. Y cuando la ayuda se acaba, nos quedamos sin nada.'[149] El de Akwang'a no es un caso aislado. Los encargados de la gestión y distribución de la ayuda humanitaria se enredan constantemente en debates sobre qué constituye realmente una emergencia, cuándo comienza o termina una emergencia, o si las necesidades son crónicas y requieren soluciones de desarrollo a más largo plazo. Pero para las personas que necesitan asistencia, las definiciones carecen de sentido. Las personas como Akwang'a y Anna necesitan ayuda de emergencia puntual cuando sus vidas se ven amenazadas por la falta de alimentos. Pero necesitan también que el mundo reconozca que para ellas la escasez de alimentos es una amenaza persistente y debilitante que podría ser mitigada o incluso erradicada si las organizaciones humanitarias y los gobiernos adoptaran una visión a más largo plazo.

¿Humanitarismo versus desarrollo?

Sadako Ogata, la que fuera Alta Comisionada de Naciones Unidas para los Refugiados, dijo una vez que 'no hay soluciones humanitarias a los problemas humanitarios'.[150] Y es cierto. Las causas subyacentes de los problemas humanitarios (gobiernos autoritarios, una distribución injusta de la tierra, la discriminación por motivos étnicos, conflictos por los recursos) exigen soluciones más profundas de lo que son capaces de ofrecer las agencias o los programas humanitarios. Pero la ayuda de emergencia puede y debe servir, no obstante, para reducir la vulnerabilidad a más largo plazo. El imperativo de

Sidadhaya Moidi limpia las malas
hierbas de un campo de mijo en
el distrito de Borem en Mali.
Como consecuencia de la
desertificación, las lluvias
irregulares, las frecuentes plagas
de langostas y la falta de acceso
a mercados equitativos, Borem
es muy vulnerable a la escasez
alimentaria (2005).

Dave Clark / Oxfam

salvar vidas a veces exige intervenciones como el abastecimiento de agua potable en los campamentos para refugiados, o la aportación de ayuda alimentaria en especie. Pero estas estrategias de corto plazo no son las únicas herramientas de que dispone el personal humanitario. Los proyectos humanitarios deben contribuir también a abordar los distintos factores que hacen a las personas vulnerables a los desastres. Las diferenciaciones históricas entre 'intervenciones de emergencia', la reconstrucción y el enfoque a más a largo plazo no ayudan a que así sea. En este capítulo se analiza la manera en que pueden abordarse las necesidades a largo plazo ante situaciones de riesgo como la escasez alimentaria, las tormentas y las inundaciones, y cómo derribar algunas de las barreras que existen entre 'la ayuda humanitaria' y 'el desarrollo'.

Escasez alimentaria

Cada año en África mueren cerca de 3 millones de personas por causas relacionadas con el hambre (casi seis personas por minuto) y una de cada tres personas de África sufre desnutrición.[151] Y no es África el único continente afectado por la inseguridad alimentaria, entendida como la incapacidad de los hogares para conseguir los alimentos que necesitan. La mitad de los niños que sufren de bajo peso en el mundo viven en el sur de Asia.[152] A nivel global, el número de crisis alimentarias se ha duplicado en las dos últimas décadas, siendo más de 30 por año desde el comienzo del nuevo milenio.[153]

El idioma de la crisis se presta muchas veces a engaño. La mayoría de las crisis alimentarias están mucho más arraigadas de lo que sugiere la palabra hambruna, esto es, un suceso delimitado en el tiempo que surge, se ataja y desaparece. En muchas zonas de Etiopía, los índices de desnutrición y mortalidad infantil suelen superar con regularidad unos niveles que en otras regiones del mundo constituirían una emergencia. Esto se repite en toda la zona árida del Sahel africano. En Níger, independientemente del volumen de las cosechas, de la sequía o del precio de los alimentos, todos los años hay niños desnutridos y el número de muertes supera con creces las cifras que normalmente darían lugar a una respuesta de emergencia.[154] La culpa no la tiene una única hambruna catastrófica, sino décadas de pobreza crónica permanente, insidiosa y mortal. La erosión de los medios de vida de subsistencia agrícola, el aumento de las enfermedades contagiosas, entre otras el VIH/SIDA, la mala calidad del agua y un saneamiento deficiente son los principales factores detrás de la mayoría de las emergencias alimentarias. Las crisis alimentarias no se deben sólo a causas naturales, sino que surgen de la pobreza y la injusticia que impiden el acceso a tierras productivas, al agua y a créditos asequibles, así como de la degradación de los recursos naturales. El cambio climático, junto con la liberalización forzada de los mercados, está agravando aún más este oscuro panorama.

Carretera en construcción como parte de un programa de dinero por trabajo en Rundeng, Indonesia. A diferencia de la distribución de alimentos, la aportación de dinero por trabajo apoya la producción local de alimentos y los beneficiarios pueden, además, ahorrar parte del dinero recibido para invertir en generación de ingresos, educación o vivienda (2005).

Ayuda alimentaria en especie

Durante décadas, la respuesta global a las 'crisis' alimentarias ha sido aportar alimentos directamente allá donde se necesitan; es decir, mediante la ayuda alimentaria en especie. Este tipo de ayuda es sin duda necesario para salvar vidas en determinadas situaciones, sobre todo cuando una guerra o un desastre natural interrumpen la producción y el suministro de alimentos. En Darfur en 2008, el Programa Mundial de Alimentos (PMA) y sus organizaciones colaboradoras distribuyeron más de 20.000 toneladas de alimentos al mes a más de 2 millones de personas repartidas por una región del tamaño de Francia. La ayuda alimentaria en especie sigue representando el grueso de la ayuda internacional.[155]

Pero la distribución de alimentos, a diferencia de otro tipo de ayudas, puede tener serias desventajas. Especialmente, cuando se importa en grandes cantidades desde fuera de la región afectada ya que puede perjudicar la producción de alimentos y los mercados locales, exacerbando la vulnerabilidad en un futuro.[156] Esto se puede evitar comprando alimentos localmente. Con este fin, en 2008, el PMA inició su iniciativa "Compras para el Progreso", mediante la cual 350.000 pequeños agricultores de países en desarrollo obtendrán contratos para el suministro de alimentos a los programas de la ONU.[157]

Alternativas

Existen numerosas alternativas a la distribución de alimentos, muchas de las cuales pueden aportar además soluciones más sostenibles a la inseguridad alimentaria subyacente. El sistema de 'dinero por trabajo' puede servir para proteger los frágiles mercados locales de alimentos en situaciones de emergencia, sobre todo si las aportaciones monetarias siguen las fluctuaciones de los precios de los alimentos. En Vietnam, Oxfam Internacional puso en marcha un programa de trabajo por dinero en la provincia de Nam Dinh tras el tifón Damrey. Pese a los cuantiosos daños provocados por el tifón, seguía la producción de alimentos y seguían funcionando también los mercados locales. La aportación de dinero permitía a los hogares pobres cubrir sus necesidades con productos disponibles en los mercados locales, beneficiando así a los productores locales. Al mismo tiempo, Oxfam Internacional distribuyó ayudas para comenzar las tareas de reconstrucción de negocios y explotaciones agrarias locales.

Pero el dinero por trabajo no es una panacea, y en determinadas situaciones habrá otras opciones más adecuadas. En zonas de pastoreo, las sequías pueden provocar la muerte masiva de ganado, desplomando así los mercados locales, y con ello dificultando a las comunidades de pastores la venta de ganado para obtener dinero con el que comprar alimentos. La mejor opción podría ser la compra de ese ganado por parte del gobierno u otros actores a un precio razonable antes de que se recrudezca la crisis. De esta manera, las comunidades

Rachel Slater / ODI, Taylor Brown/theIDLgroup

Beneficiarias del programa Red de Seguridad Productiva en Oromiya, Etiopía. Por su condición de vulnerabilidad, estas mujeres reciben los beneficios directamente, sin tener que participar en la realización de obras públicas. Durante seis meses al año reciben una transferencia mensual de dinero o alimentos que cubre la mitad de la ración alimentaria de cada mes (2008).

de pastores obtienen ingresos a la vez que reducen el número de animales a los que alimentar y abastecer de agua cuando los recursos escasean, algo de especial importancia para comunidades que dependen de la supervivencia de su ganado, ya que, a diferencia de lo que sucede con los productos hortofrutícolas, la carne, la leche y demás derivados animales son difíciles de almacenar. Lo fundamental es intervenir a tiempo para evitar que la vulnerabilidad crónica se convierta en necesidad grave, mucho más costosa de abordar.[158]

Las alternativas a la ayuda alimentaria son muchas. Pueden ir desde el asesoramiento técnico y el apoyo encaminado a ayudar a las personas afectadas a buscar nuevos medios de vida, hasta proyectos para la construcción o reparación de la infraestructura de transporte. Lo que se precisa es tener la visión necesaria para identificar las respuestas más adecuadas y disponer de los suficientes recursos predecibles y flexibles para ponerlas en práctica.

La acción del gobierno y la protección social

Tres cuartas partes de las personas pobres del mundo viven en zonas rurales, la mayoría en pequeñas explotaciones agrarias. Es un hecho ya ampliamente reconocido que una inversión adecuada en la agricultura, y sobre todo el apoyo a los pequeños agricultores, será la única manera posible de aliviar el hambre y la vulnerabilidad de estas personas.

Pero la magnitud del problema sobrepasa con creces la financiación disponible a día de hoy. En 2007, la ayuda al desarrollo dedicada a la agricultura fue de tan sólo 4.000 millones de dólares, frente a los cerca de 125.000 millones de dólares concedidos a los agricultores de países de la OCDE, en 2006, a modo de subvenciones directas. Tampoco los gobiernos de los países en desarrollo invierten lo suficiente en agricultura. En 2005, tan sólo seis de los 24 gobiernos africanos habían cumplido el compromiso acordado en 2003 de dedicar un 10 por ciento del gasto público a la agricultura. Si todos los gobiernos africanos cumplieran la meta del 10 por ciento, se generarían 5.000 millones de dólares adicionales para la agricultura.[159]

Una vez más, son los gobiernos nacionales los que ostentan la responsabilidad principal de abordar la vulnerabilidad ante la escasez alimentaria. Es algo que pueden y deben hacer, invirtiendo en agricultura y mediante la aportación de ayudas concretas a las personas más vulnerables (medidas de protección social). En Brasil, el índice de desnutrición se redujo de un 10 por ciento en 1999 hasta un 2,4 por ciento en 2006, gracias a un programa integral de ayuda para los hogares agrícolas pobres introducido en los años noventa. En ese mismo periodo, la mortalidad infantil se redujo en un 45 por ciento.

Otros países ya han empezado a tomar ejemplo. En Etiopía, el Programa Red de Seguridad Productiva (PSNP) ayuda a gran parte de los 7,2 millones de personas

David Vinuales/Oxfam GB

Un niño se apoya sobre un marcador para medir el nivel del agua, al nordeste de Nicaragua. Oxfam Internacional trabaja con contrapartes para ayudar a las comunidades que viven en los márgenes de los ríos Bocay y Coco a instalar un sistema de alerta temprana. El sistema permite a las comunidades evaluar cuándo hay riesgo de inundaciones y tomar la acción adecuada.

del país que sufren una vulnerabilidad crónica ante la escasez de alimentos (principalmente mediante aportaciones monetarias). El aspecto a destacar de este programa es que las personas vulnerables reciben la ayuda independientemente de si las cosechas son buenas o no, permitiendo con ello que las familias pobres puedan acumular activos e invertir en medios de vida, salud y educación. Los hogares con miembros en condiciones de trabajar reciben ayudas a cambio de su participación en obras públicas; las personas que no pueden trabajar (entre otras, personas mayores o enfermas) reciben ayuda directa. Una evaluación realizada en 2006, concluyó que el programa, aunque difícil de ejecutar, ya estaba teniendo un impacto considerable en los hogares pobres. Había aumentado la disponibilidad de alimentos, la merma de activos era menor, se podían realizar determinadas inversiones productivas (como por ejemplo en educación) y las personas podían conseguir préstamos para desarrollar sus medios de vida.[160]

Reducir el riesgo de los desastres climáticos

Cuando ocurren catástrofes como inundaciones, terremotos, sequías y huracanes, la asistencia humanitaria se centra en proteger a las personas de las consecuencias inmediatas de esos sucesos, como son la desnutrición, las enfermedades contagiosas y la exposición a los elementos.

No obstante, como ya se apuntó en el Capítulo 2, la frecuencia y la gravedad de los riesgos relacionados con el clima son cada vez mayores en todo el mundo. Las personas que se hayan visto afectadas por inundaciones, sin duda, se volverán a enfrentar al mismo problema en el futuro si no se abordan las causas de esa vulnerabilidad. Las personas afectadas por tormentas tropicales tienen una certeza casi total de que esas tormentas volverán en la próxima temporada de huracanes. En este escenario, no es adecuada una *respuesta* humanitaria que no vaya ligada a una actuación de preparación ante la próxima catástrofe, y a un intento por reducir su impacto.

Respuesta desigual de los gobiernos a la reducción de riesgos

En la segunda Conferencia Mundial sobre la Reducción de los Desastres celebrada en Japón en 2005, 168 países se comprometieron a actuar para adoptar un enfoque más sostenido y sostenible de reducción del riesgo de catástrofes medioambientales. Acordaron un plan a diez años, el 'Marco de Acción de Hyogo', para reducir la vulnerabilidad de sus respectivos ciudadanos ante los desastres naturales.[161] Pero son pocos los gobiernos que han cumplido estas promesas. En los casos en que sí se invierte en la reducción de riesgo de desastres, los gobiernos suelen decantarse por proyectos centralizados y muy técnicos, como es el Programa de Actuación ante Inundaciones en Bangladesh, en lugar de

Jane Beesley / Oxfam

Los residentes de la localidad de Trinidad, en Bolivia, cruzan un puente entre semilleros elevados, o camellones, construidos como parte de un programa para mitigar el impacto de las inundaciones y mejorar la seguridad alimentaria apoyado por Oxfam Internacional. Yenny Noza, miembro del grupo que trabaja en los camellones, dice: 'Si sufrimos inundaciones otra vez este año, no perderemos ni nuestros cultivos ni nuestras semillas.' (2007).

por iniciativas locales que serían quizás más adecuadas a la vista del número creciente de desastres de menor envergadura pero más localizados. De hecho, en Bangladesh, uno de los países más azotados por los desastres, las inversiones a nivel local, como la construcción de refugios para ciclones y el desarrollo de sistemas de preparación, planes de evacuación, alerta temprana y movilización de voluntarios a nivel de comunidades, han conseguido un impacto notable. En 1991, un ciclón que afectó al país se cobró la vida de más de 138.000 personas. El número de víctimas en ciclones posteriores ha sido mucho menor.

El reto para las organizaciones humanitarias internacionales

Las organizaciones humanitarias tienen un importante papel en la reducción de la vulnerabilidad ante los desastres naturales, entre otros mediante la colaboración con agencias gubernamentales y agencias locales de la sociedad civil. En febrero de 2007, Bolivia sufrió las peores inundaciones en cuarenta años, con más de 350.000 personas afectadas. Quedaron anegadas centenares de miles de hectáreas de terrenos agrícolas y cerca de 25.000 personas fueron evacuadas a refugios temporales.[162] Con la ayuda de contrapartes locales, Oxfam Internacional proporcionó sistemas de agua y saneamiento y artículos de higiene básica a más de 2.000 familias. Una vez las personas afectadas pudieron volver a sus hogares, Oxfam Internacional puso en marcha una solución más duradera. Inspirándose en un sistema agrícola con más de 3.000 años de antigüedad, anterior incluso al tiempo de los Incas, Oxfam Internacional trabajó con las autoridades locales en el desarrollo de un sistema agrario capaz de hacer frente a las inundaciones y las sequías periódicas, mejorar la fertilidad de la tierra, y con ello la productividad de la misma. La preparación de semilleros elevados para el cultivo, conocidos localmente como *camellones*, impide que las inundaciones estacionales destruyan los cultivos. Los *camellones* están rodeados por canalizaciones de agua, en las que se obtienen plantas que se colocan sobre los semilleros para crear una capa de tierra fértil. Al estar los campos rodeados por agua, una vez puesto en marcha el sistema la necesidad de riego es mucho menor. Las comunidades locales pueden además complementar su dieta con pescado, dada la introducción de peces en las canalizaciones de agua.[163]

Sin embargo, al igual que muchos gobiernos, las organizaciones humanitarias internacionales, por diversos motivos, han sido lentas en apoyar enfoques de preparación ante los desastes a más largo plazo. En primer lugar, se encuentran las reticencias y las limitaciones operativas propias de combinar enfoques humanitarios y de desarrollo. En segundo lugar, está la cuestión del coste, aunque evidentemente en la mayoría de los casos la preparación costará mucho menos que una respuesta a una emergencia real. En el distrito de Dhemaji en Assam, el Centro de Voluntariado Rural, una contraparte de

Grupo de jóvenes voluntarios formados por Oxfam Internacional, en Sandia, Perú, comunidad especialmente vulnerable a los desprendimientos de tierra causados por las lluvias estacionales. El grupo JOVOS (jóvenes voluntarios para la prevención de desastres) se reúne regularmente para analizar los riesgos a que se enfrenta Sandia y ver cómo ayudar a las personas a prevenirlos. Ellos cuentan con cursos periódicos de capacitación en primeros auxilios y evacuación.

Oxfam Internacional, ha logrado demostrar que la preparación ante desastres de una comunidad cuesta tan sólo un dos por ciento de lo que se calcula costarían los esfuerzos de ayuda tras unas inundaciones.[164] Pero para las organizaciones humanitarias, tanto nacionales como internacionales, el mayor coste está en la capacitación de la propia organización para llevar a cabo actuaciones encaminadas a la reducción del riesgo de desastres. Se necesitan fondos para la formación y contratación de personal, algo que muchos donantes parecen no tener en cuenta.

Tanto la respuesta humanitaria a las emergencias como los esfuerzos proactivos encaminados a reducir la vulnerabilidad cuestan dinero. Incluso en un momento en que la economía global se encuentra en recesión, o quizás precisamente por ello, los gobiernos deben invertir en capacidad de respuesta ante emergencias y en la reducción de los riesgos de desastres. En el Capítulo 6 se analiza el importe de la financiación requerida, las posibles fuentes de financiación, y los mecanismos necesarios para garantizar que esa financiación se emplea de la manera más eficaz posible. Se examina también cómo los nuevos donantes ofrecen mayores oportunidades para aportar una respuesta más eficaz ante la naturaleza cambiante de los riesgos de este siglo XXI.

El mundo rico, la ayuda humanitaria y lo que podría suceder en una recesión global

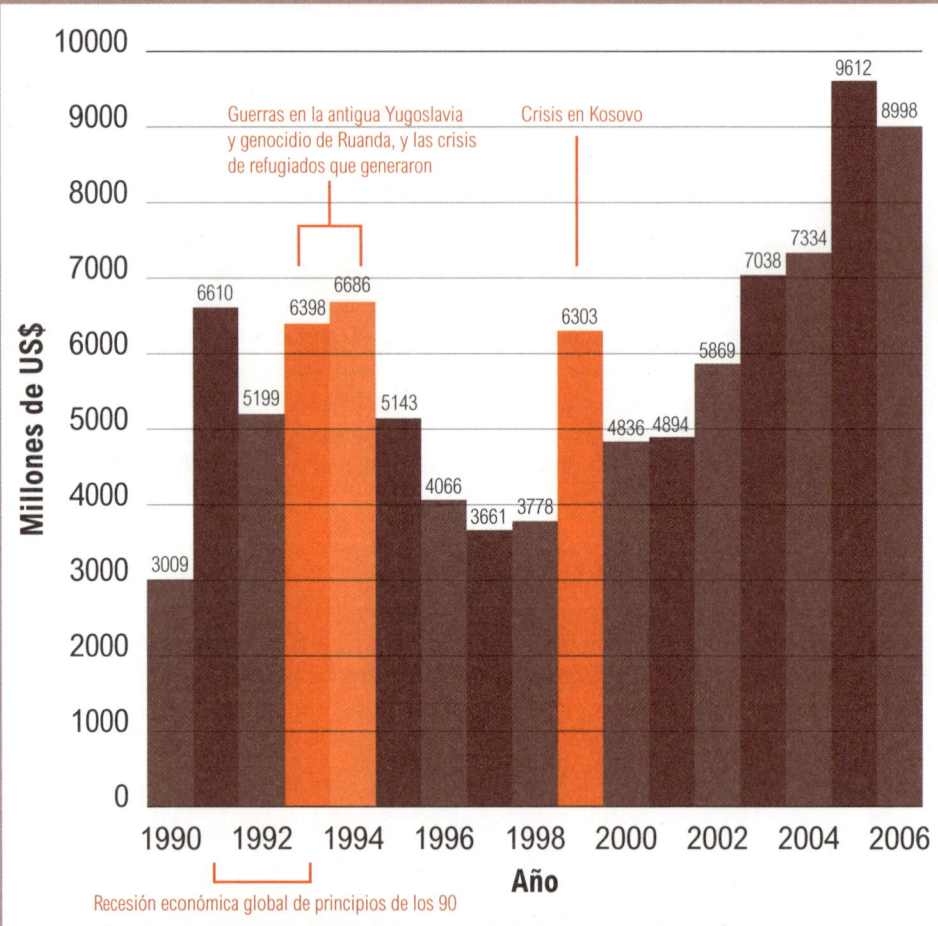

La financiación humanitaria procedente de los países de la OCDE ha ido creciendo en los últimos 10 años. Pero un análisis a más largo plazo de las tendencias de la ayuda demuestra que la ayuda humanitaria, junto con el total de ayuda internacional al desarrollo, se resiente en épocas de recesión económica. La recesión global entre 1991 y 1993 provocó una caída prolongada en los presupuestos de ayuda humanitaria de la OCDE, sin que se diera una tendencia alcista clara hasta 2002. Los dos 'picos' destacados de ayuda humanitaria en ese periodo (el primero en 1993/94, por las guerras en Yugoslavia y el genocidio en Ruanda, y el segundo en respuesta a la crisis en Kosovo en 1999) fueron motivados por un interés público y político sin precedentes en los países de la OCDE. La inmensa mayoría de las emergencias de este periodo no recibieron ni la misma atención ni la misma financiación, y por ello quedaron sin cubrir necesidades humanitarias urgentes en muchos otros países. Lo ocurrido en los años 90 parece indicar que una recesión a nivel global aumenta la tendencia de los donantes a realizar aportaciones según intereses políticos nacionales, y no en base a las necesidades humanitarias.

6

Financiar la acción humanitaria en el siglo XXI

El incremento en el número de personas afectadas por los desastres, ya analizado en el Capítulo 2, deberá ir aparejado de un aumento equivalente en la asistencia humanitaria, mínimo necesario para mantener los niveles de respuesta actuales, muchas veces ya de por sí insuficientes. Mejorar la *calidad* de la respuesta llevará asociado un coste considerablemente mayor, aunque seguirán siendo cantidades relativamente pequeñas si se comparan con otros sectores del gasto público. Y la financiación de soluciones a los problemas humanitarios a más largo plazo será más costoso, aunque en última instancia supondrá un ahorro de fondos que de otra manera se tendrían que emplear en la respuesta humanitaria.

Por fortuna, la proliferación tanto de instituciones como de donantes distintos de los del sector humanitario occidental infunde verdaderas esperanzas de poder encontrar recursos y capacidad adicionales para ayudar a financiar una respuesta adecuada a las cada vez mayores necesidades humanitarias. Si los países donantes no miembros de la OCDE aumentasen su contribución en la cantidad realmente necesaria y si los gobiernos de la OCDE que han sido tradicionalmente donantes también lo hiciesen, y si además estos fondos fuesen predecibles, imparciales y con rendición de cuentas, entonces cualquier persona con necesidad de ayuda humanitaria podría esperar recibirla. Pero son muchas condiciones. En este capítulo se estudia qué es lo que se necesita para que se cumplan.

¿Cómo debe ser la financiación humanitaria?

Financiación adecuada

El mundo dedica una parte ínfima de su riqueza a la ayuda humanitaria. Se calcula que en 2006 la cifra de ayuda humanitaria internacional fue de 14.200 millones de dólares.[165] Es decir, menos de lo que en ese mismo año el mundo gastó en video juegos.[166] Esa cifra incluye las aportaciones de gobiernos donantes, organizaciones internacionales, la sociedad en general y empresas

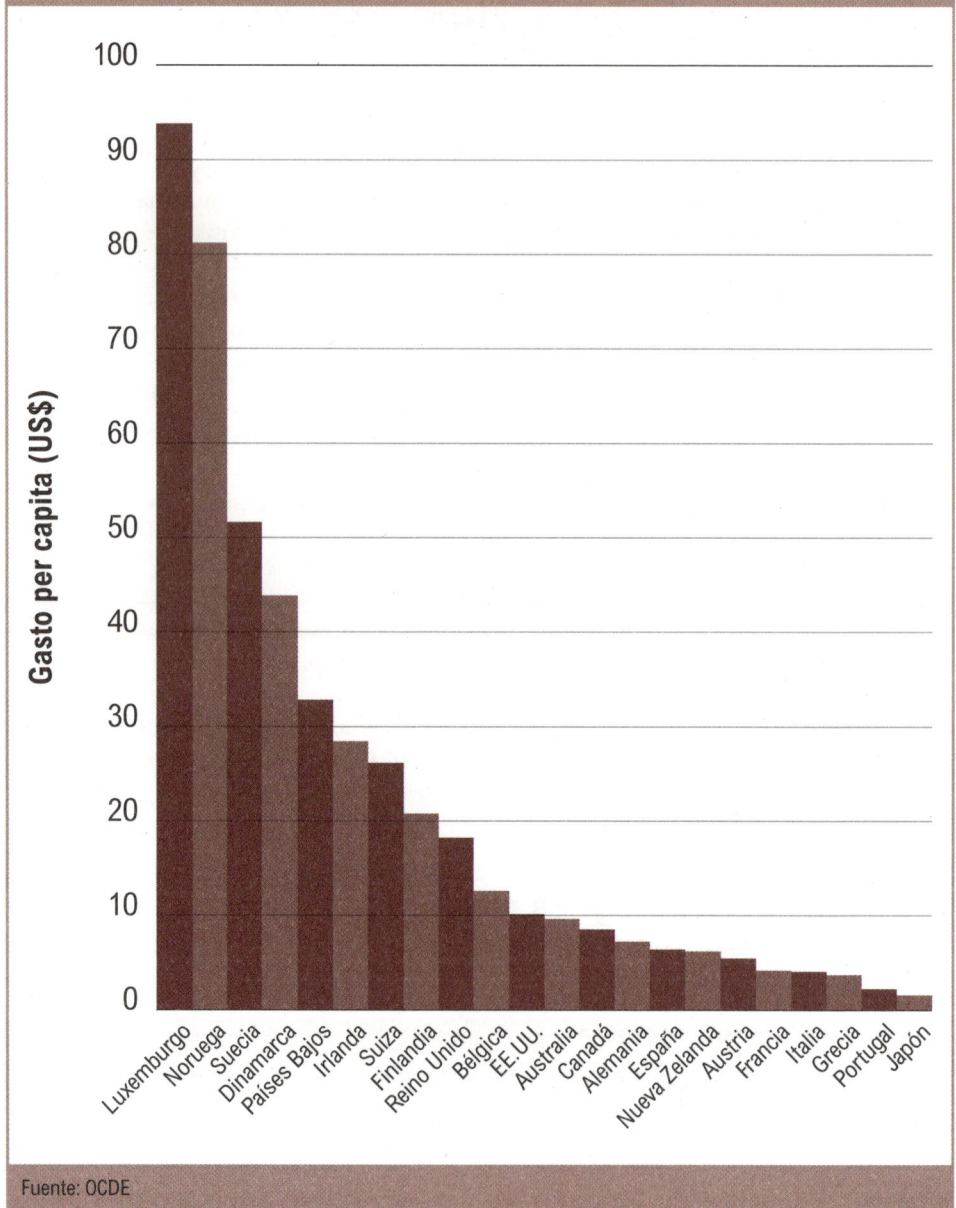

¿Quiénes son los más generosos en las crisis humanitarias?
Gasto per cápita en ayuda humanitaria de los países
de la OCDE en 2006

Gasto per capita (US$)

Luxemburgo, Noruega, Suecia, Dinamarca, Países Bajos, Irlanda, Suiza, Finlandia, Reino Unido, Bélgica, EE.UU., Australia, Canadá, Alemania, España, Nueva Zelanda, Austria, Francia, Italia, Grecia, Portugal, Japón

Fuente: OCDE

privadas, aunque no incluye la ayuda no registrada o las remesas de familiares y comunidades residentes en el exterior. En cambio, el gasto militar ese mismo año ascendió a unos 1,3 billones de dólares, una cifra casi 85 veces superior a la de la asistencia humanitaria.[167]

No obstante, la asistencia humanitaria ha tenido un incremento notable en los primeros años de este nuevo siglo. La financiación humanitaria procedente de los 23 donantes miembros del Comité de Ayuda al Desarrollo (CAD) de la OCDE superó los 9.000 millones de dólares en 2006, el doble de lo que aportaban a mediados de los 90.[168] EE.UU. es el mayor donante de entre los países de la OCDE, en 2006 aportó un 35 por ciento (algo más de 3.000 millones de dólares) del total de ayuda humanitaria del CAD, por encima del Reino Unido, Alemania, Países Bajos y Suecia. Otros países no miembros del CAD, como son los países del Golfo, están aumentando también sus aportaciones de manera significativa.

Pero pese a que ha aumentado la cantidad de ayuda humanitaria, se necesita aún mucho más dinero. De acuerdo con investigaciones realizadas para este informe, en el 2015 el número de personas afectadas por desastres provocados por el clima podría incrementar en más de un 50 por ciento en comparación con la década de 1998-2007, aumentaría así el promedio anualen más de 375 millones de personas. Ésta no es una predicción exacta. No obstante, es una advertencia contundente sobre la escala de la demanda humanitaria que cabe esperar. En base a esta cifra, se necesitarían 25.000 millones de dólares anuales en ayuda humanitaria a nivel global *simplemente para mantener los niveles actuales de respuesta humanitaria*, unos 50 dólares por persona afectada. Si, como sostiene el presente informe, es necesario además aumentar la calidad de la respuesta humanitaria y emplear mayores esfuerzos en abordar la vulnerabilidad ante los desastres a largo plazo, la cifra de 50 dólares por persona se queda muy corta. Una respuesta razonable necesita un gasto per cápita mucho mayor.

En Bangladesh, meses después de que quedaran destruidos o dañados por el ciclón Sidr 1,5 millones de hogares en noviembre de 2007, las familias afectadas seguían viviendo bajo lonas de plástico y trapos viejos, porque la ayuda para viviendas aportada por el gobierno (70 dólares por familia) no era suficiente para que pudieran reconstruir sus casas.[169]

Los donantes del CAD podrían aportar mucho más de lo que hacen en la actualidad. En 2006, si todos los miembros del CAD hubieran aportado la misma cantidad, en términos *per cápita*, que aportaron sus diez gobiernos más generosos,[170] la ayuda humanitaria total procedente del CAD hubiera superado los 36.000 millones de dólares. Esto hubiera significado, a su vez, una ayuda humanitaria global de más de 42.000 millones de dólares, tres veces la cifra real. Suficiente para dedicar 154 dólares a cada persona afectada por una emergencia.

Manpreet Romana / AFP / Getty Images

Zhang Yan (izquierda), embajador de China en la India, saluda a un oficial del ejército indio mientras la ayuda de emergencia es cargada en un avión de las Fuerzas Aéreas Indias. Los artículos de emergencia, donados por el Gobierno indio, iban destinados a las víctimas del terremoto de Sichuan, que provocó la muerte de unas 70.000 personas en mayo de 2008.

Todos los países del CAD de la OCDE se han comprometido a aportar un 0,7 por ciento de su producto interior bruto (PIB) a la ayuda oficial al desarrollo (AOD) para el 2015. La ayuda humanitaria representa cerca del 9 por ciento de la ayuda exterior al desarrollo.[171] Si la totalidad de países del CAD cumplieran con el objetivo del 0,7 por ciento de ayuda al desarrollo y mantuvieran la proporción actual de gasto en emergencias, aportarían un 0,08 por ciento de su PIB en ayuda humanitaria. Los Países Bajos, Dinamarca, Suecia, Noruega y Luxemburgo ya aportan esta cantidad, o más.[172] Si estos cinco países son capaces de demostrar ese grado de solidaridad para con las personas afectadas por las emergencias, sin duda es algo que tiene que estar al alcance de todos los países ricos.

Pero hay serios indicios de que la cantidad global de AOD puede estar empezando a disminuir.[173] A la vista de la crisis económica mundial que comenzó en 2008, y si los niveles de ayuda siguen la pauta que mostraron durante la recesión de los años noventa, esta tendencia a la baja puede ser prolongada y aguda. Por todo ello cabe preguntar, además de los donantes del CAD de la OCDE, ¿qué otras fuentes de financiación humanitaria adicional existen hoy en el mundo?

Aumento en las donaciones humanitarias no procedentes de la OCDE

Cerca de un 12 por ciento de la financiación para la respuesta ante los desastres proviene de países ajenos a la OCDE.[174] La ayuda de estos donantes no constituye un fenómeno nuevo: Kuwait, Arabia Saudita y otros muchos estados del Golfo llevan más de 40 años aportando ayuda en forma de préstamos a bajo interés y ayuda para el desarrollo.[175] Pero hoy en día países como China, Arabia Saudita, los Emiratos Árabes Unidos, Turquía y Corea del Sur[176] aportan cientos de millones de dólares a la ayuda de emergencia. Turquía aportó 150 millones de dólares en ayuda a Pakistán tras el terremoto sufrido en octubre de 2005. En 2007, Arabia Saudita envió 100 millones de dólares para la respuesta al ciclón Sidr en Bangladesh, cerca de un 53 por ciento del total de la financiación humanitaria para ese desastre, y en mayo de 2008 se comprometió a aportar 500 millones de dólares para aliviar el déficit de financiación del Programa Mundial de Alimentos.[177] El tsunami de 2004, en el Océano Índico, recibió donaciones de 77 países no miembros del CAD, entre ellos Liberia, uno de los países menos desarrollados del mundo.[178]

No obstante, como también sucede a veces con la ayuda de donantes occidentales, los donantes ajenos al CAD suelen contribuir en base a intereses estratégicos o impacto público, o centrarse en emergencias que consideran más 'cercanas', ya sea por vínculos geográficos (en 2007, Sudáfrica aportó más de un 80 por ciento de su ayuda humanitaria a países del África subsahariana),[179] culturales o religiosos.

Necesidades de financiación humanitaria no cubiertas
Diferencia entre los llamamientos mejor y peor cubiertos de la ONU entre 2004 y 2008

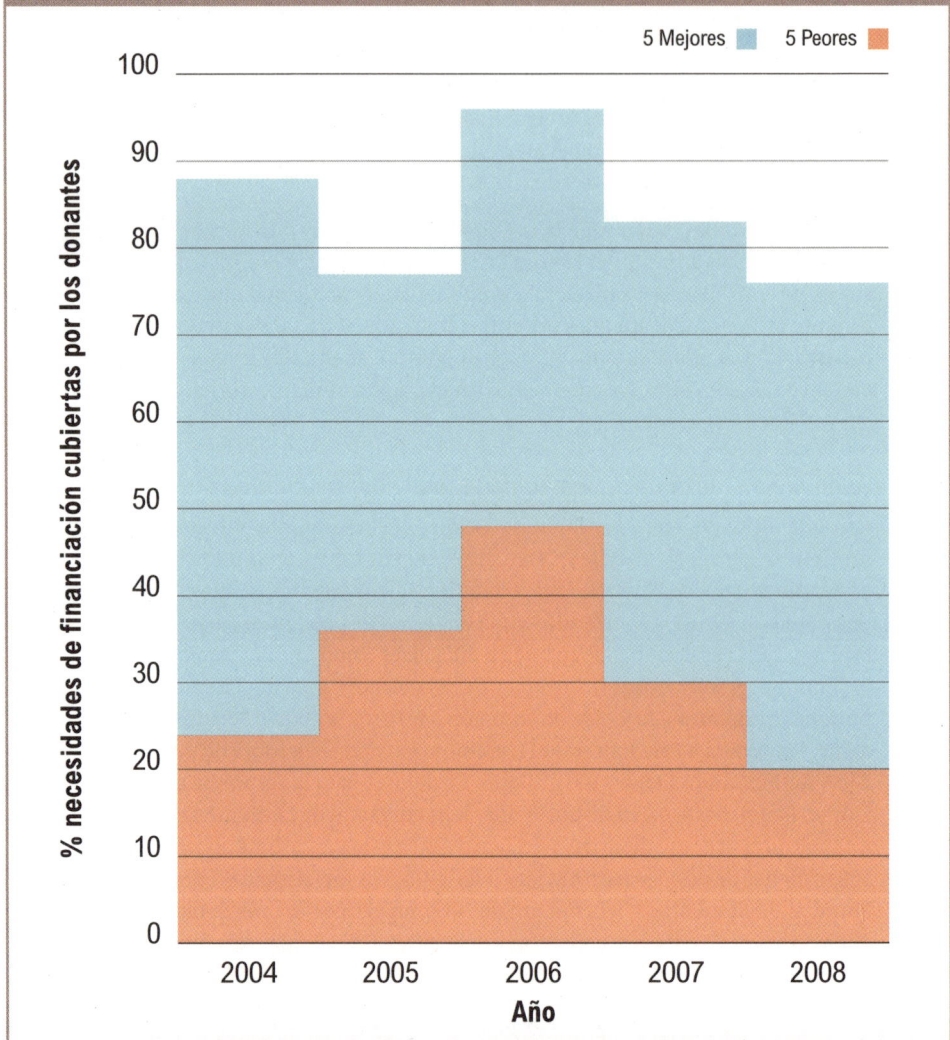

Fuente: OCHA FTS (Sistema de Control Financiero)

Los objetivos iniciales de los Llamamientos de Naciones Unidas rara vez son cubiertos. Los cinco llamamientos situados en la parte superior del gráfico representan aquellos que, para cada año, recibieron casi el 100% de los fondos solicitados para las emergencias que representaban. Los cinco situados en la parte inferior del gráfico son los llamamientos que recibieron cantidades cercanas al 0% de los fondos que se requerían.

Los donantes no miembros del CAD suelen además canalizar la ayuda al margen de los mecanismos internacionales de coordinación. Tras el ciclón Sidr de 2007, funcionarios del gobierno de Bangladesh y donantes reconocieron ante Oxfam Internacional que carecían de información sobre cuándo debían utilizar la considerable suma aportada de manera bilateral por Arabia Saudita, ni qué actividades financiar con ella.[180] Esta falta de claridad puede llevar a una duplicación de la financiación o incluso crear carencias importantes en la ayuda. La ayuda de países donantes no tradicionales representa una buena oportunidad para incrementar la financiación de la ayuda humanitaria en el siglo XXI. Pero, al igual que sucede con la ayuda de países del CAD, para que cumpla todas las expectativas posibles necesitará una mejor coordinación y una distribución más imparcial.

Financiación imparcial

El hecho de *cómo* se emplea la ayuda humanitaria tiene la misma importancia que la cantidad disponible. Para ser eficaz, la financiación debe ser oportuna, adecuada y gozar de una distribución imparcial. Con demasiada frecuencia no se cumplen ninguna de estas tres condiciones.

Todos los días nos llegan noticias de civiles que huyen de desastres súbitos y catastróficos, o de conflictos violentos. Pero hay decenas de millones de personas afectadas por emergencias que aparecen de forma más lenta, más silenciosa, más insidiosa. Estas emergencias olvidadas suelen afectar a un número de personas mucho mayor. Sin embargo, la diferencia entre la respuesta a desastres de elevado perfil mediático y la respuesta a las emergencias crónicas en el mundo es abismal. Sirva una comparación de la respuesta global al tsunami del Océano Índico de 2004 con la respuesta al conflicto de Chad en ese mismo año: las 500.000 personas que recibieron asistencia tras el tsunami lo hicieron a razón de 1.241 dólares de ayuda oficial por persona, mientras que los 700.000 beneficiarios de la ayuda en Chad recibieron tan sólo 23 dólares por persona.[181]

Es evidente que el coste de una respuesta humanitaria adecuada difiere según la situación local, la accesibilidad y los precios de mercado. Pero las enormes disparidades en la ayuda por beneficiario entre distintas emergencias no sólo se deben a las diferencias en el coste de proporcionar esa asistencia. Existe una correlación mucho mayor entre la cantidad de fondos asignados y el perfil mediático y la prioridad política de una emergencia para los Estados donantes.

En los últimos años se han ido creado una serie de fondos comunes, bajo los auspicios de la ONU, con la finalidad de limar estas disparidades. La idea que sostiene estas iniciativas es que, mediante la dotación de unos fondos humanitarios centralizados, la ONU podrá repartir esos fondos en base a la

Financiar la adaptación al cambio climático

El cambio climático está poniendo ya en peligro la vida y los medios de vida de las personas pobres en los países en desarrollo. Se necesita, por tanto, una asistencia urgente para ayudar a estas personas a adaptarse a un cambio climático ya inevitable. Entre las posibles actuaciones de adaptación se encuentran, por ejemplo, el desarrollo de cultivos resistentes a las sequías o a las inundaciones y la provisión de medios para la recolección de agua de lluvia con la finalidad de afrontar unas pautas de lluvia cambiantes. Otras intervenciones posibles serían las inversiones en la construcción o en la mejora de infraestructuras, como carreteras y puentes a mayor altura en zonas propensas a las inundaciones, o viviendas mejor adaptadas en zonas cada vez más expuestas a los huracanes. Los planes de reducción del riesgo de desastre comunitarios, los sistemas de seguro y las redes sociales de seguridad pueden ayudar a las personas más vulnerables a afrontar los riesgos crecientes.

Oxfam Internacional estima que los países pobres necesitan al menos 50.000 millones de dólares anuales adicionales para cubrir el coste de la adaptación a un cambio climático ya inevitable. Se necesitará aún más cantidad si no se recortan rápidamente las emisiones globales de gas. Este dinero debe ser distinto de la Ayuda Oficial al Desarrollo (AOD) y no debe contabilizarse como parte del objetivo acordado por la ONU de destinar un 0,7 por ciento del Producto Interior Bruto a la ayuda. Según el principio 'quien contamina paga', los países ricos, responsables de la mayor parte de las emisiones de carbono, deben estos fondos a los países más vulnerables ante el cambio climático en concepto de *financiación compensatoria*. Las aportaciones de los países ricos deben hacerse, por tanto, en forma de subvenciones y no de préstamos, según su grado de responsabilidad por las emisiones que provocan el cambio climático y su capacidad económica. La financiación para la adaptación debe ser, además, predecible, estable y fácilmente accesible.

En la reunión que se celebrará en Copenhague a finales de 2009, los gobiernos deben acordar un marco global para la adaptación que cumpla estos criterios, adoptando un nuevo acuerdo global sobre el cambio climático. Oxfam Internacional ha demostrado que es posible recaudar fondos suficientes, predecibles y estables mediante la subasta de una pequeña parte de los derechos de emisión bajo un régimen internacional de comercio de emisiones post-Kyoto, y mediante la subasta del cien por cien de los derechos de emisión de los países desarrollados según un nuevo régimen de comercio de emisiones de los sectores de navegación aérea y marítima.*

---

*Oxfam Internacional (2008), 'Convertir el carbono en oro: Cómo la comunidad internacional puede financiar la adaptación al cambio climático sin quebrar la banca', Oxford: Oxfam Internacional.

necesidad humanitaria. Entre otros mecanismos de fondos comunes se encuentran en la actualidad el Fondo Central de Respuesta a Emergencias (CERF), administrado desde OCHA, y el Fondo Común Humanitario (CHF), asignado a cada país, disponible en caso de emergencia y gestionado bajo el liderazgo de la ONU.

En el caso de la RDC, parece que este tipo de financiación ha conseguido aumentar los fondos disponibles para una crisis que lleva muchos años recibiendo una ayuda insuficiente. En 2006, el llamamiento consolidado de la ONU para la RDC quedó tan infradotado que el CERF tuvo que hacer una aportación de 38 millones de dólares para cubrir el déficit.[182] Ese mismo año, el nuevo CHF para la RDC recibió aportaciones por valor de unos 90 millones de dólares, más de cuatro veces la cantidad esperada. Muchos donantes, entre ellos los gobiernos del Reino Unido y de los Países Bajos, incrementaron notablemente sus aportaciones a los fondos comunes, manteniendo no obstante la financiación bilateral que ya venían aportando a distintas ONG y otras instituciones.[183]

Estos fondos adicionales deberían haber redundado en una ayuda de mayor calidad y cobertura para la población de la RDC. A finales de 2006, Oxfam Internacional habló con más de 60 empleados de agencias humanitarias, ONG locales, agencias de la ONU y demás organizaciones para conocer su opinión sobre el verdadero impacto de estos fondos comunes.[184] La mayoría de las personas consultadas no habían notado un aumento significativo ni en los presupuestos anuales que disponían ni en los programas que realizaban. En cuanto a mejoras concretas para las personas afectadas por la emergencia, apenas podían identificar alguna.[185]

Las innovaciones, como estos fondos comunes, deben ser evaluadas en base a su capacidad para conseguir mejoras patentes en las vidas de las personas afectadas por los desastres. Los sistemas de seguimiento y evaluación de los fondos comunes deben ser mucho más transparentes y robustos, desde la asignación de fondos de donantes bilaterales a la implementación de proyectos de asistencia sobre el terreno pasando por las agencias de la ONU.[186] Los requerimientos a la hora de reportar a las agencias de la ONU, particularmente, son muy generales. No se han acordado objetivos o indicadores de éxito comunes, ni existen tampoco valoraciones o evaluaciones obligatorias y exhaustivas sobre el impacto de los proyectos. Pese a que OCHA ha intentado llevar a cabo unos diagnósticos de necesidades más rigurosos para asignar fondos adecuadamente, existen escasos datos de partida para medir el impacto de las mejoras conseguidas por los fondos comunes u otros aspectos de la reforma del sistema de la ONU.

Jane Beesley / Oxfam

Los logotipos de Oxfam Internacional y de la Oficina de Ayuda Humanitaria de la Comisión Europea (ECHO) adornan un lavadero comunitario construido con barriles reciclados en el campamento de Aero en Bunia, República Democrática del Congo. (2004)

Financiación oportuna

Además de adecuada e imparcial, la financiación debe ser también oportuna. En el tiempo transcurrido entre la aparición de una catástrofe y la puesta en marcha de una respuesta humanitaria eficaz se pierden muchas vidas y medios de vida que bien podrían haberse salvado. En reconocimiento de este hecho, algunos donantes han introducido sistemas de vía rápida para hacer efectiva la ayuda humanitaria a las agencias sobre el terreno.

El sistema de 'emergencias primarias' de la Oficina de Ayuda Humanitaria de la Comisión Europea permite a esta institución valorar una crisis, asignar fondos y distribuir la financiación a las agencias sobre el terreno en cuestión de días, sin necesidad de múltiples niveles en la toma de decisiones. En la RDC, el innovador Mecanismo de Respuesta Rápida (RRM) de la ONU, administrado por UNICEF y OCHA, asigna de antemano fondos y artículos de emergencia a las agencias que se encuentran sobre el terreno. Cuando se desata una crisis, el RRM permite a las agencias responder en cuestión de horas.

Pero muchos de estos mecanismos, supuestamente pensados para financiar la respuesta en la primera fase de una emergencia, resultan en la práctica demasiado lentos y excesivamente burocráticos para permitir que la ayuda crítica para salvar vidas llegue a tiempo. En el 2008, el CERF no era una fuente práctica de financiación para la etapa inicial de una respuesta de emergencia.[187] La financiación se canaliza desde OCHA a otras agencias de la ONU (como pueden ser ACNUR, UNICEF y el Programa Mundial de Alimentos), y de ahí a agencias independientes sobre el terreno. Una vez desembolsados los fondos por OCHA a las agencias de la ONU, no existe un plazo ni un sistema consensuado de transferencia de fondos a las agencias operativas. En la RDC, las agencias que recibieron fondos del CERF en 2006 confirmaron que el tiempo transcurrido entre el diagnóstico inicial de necesidades y la recepción de fondos fue de entre tres y seis meses.[188]

Algunos donantes bilaterales, como la Comisión Europea y el gobierno de EE.UU., han optado por quedarse fuera del CERF. Además, algunos donantes humanitarios que sí han pasado a formar parte del CERF parecen creer que la asignación de fondos al mismo les exonera de la obligación de contar con una capacidad propia de respuesta rápida, por lo que han reducido el personal asignado a estas tareas.

Buena Donación Humanitaria

Es poco probable que los gobiernos donantes mejoren sus prácticas de financiación si no aumenta la rendición de cuentas ante otros gobiernos, ante los beneficiarios de la ayuda y ante sus propios ciudadanos.[189] Unos 35 Estados donantes (más la Comisión Europea) han firmado la iniciativa de la Buena

Promesas, promesas ... Compromisos adoptados por los donantes para la financiación de la respuesta humanitaria

Muchos de los principales gobiernos donantes de ayuda humanitaria han firmado los 'principios y buenas prácticas en la donación humanitaria' (GHD), mediante los cuales se comprometen (entre otros aspectos) a:

- Guiarse por los principios humanitarios de humanidad, imparcialidad, neutralidad e independencia;

- Apoyar toda una serie de necesidades humanitarias, incluyendo la protección de civiles y la provisión de comida, agua, saneamiento, refugio y atención sanitaria;

- Respetar y promover la aplicación del Derecho Internacional Humanitario, la legislación sobre refugiados y los derechos humanos;

- Asegurar una financiación flexible y rápida;

- Asignar los fondos humanitarios en base a las necesidades identificadas;

- Fortalecer la capacidad de los países y las comunidades afectados para prevenir, preparar, mitigar y responder a las crisis humanitarias;

- Proporcionar asistencia que favorezca la recuperación y el desarrollo a largo plazo;

- Apoyar y promover la función central y única de liderazgo y coordinación de Naciones Unidas;

- Afirmar el papel principal de las organizaciones civiles en el desempeño de la acción humanitaria.

Fuente: www.goodhumanitariandonorship.org

Donación Humanitaria (GHD en sus siglas en inglés), por la que se comprometen a cumplir 23 principios, entre otros aportar financiación en base a las necesidades y no a los intereses políticos, trabajar para mejorar la evaluación y la calidad de los programas humanitarios y respetar *y promover* la aplicación del Derecho Internacional Humanitario, la legislación sobre refugiados y los derechos humanos.[190]

La GHD constituye una oportunidad única para mejorar las prácticas de financiación y la calidad de la ayuda humanitaria. Pero podría tener un impacto aún mayor y más fundamental en las vidas de las personas afectadas por las emergencias. Los principios de la GHD, por ejemplo, podrían interpretarse como un compromiso de acción conjunta por parte de los Estados firmantes frente a aquellos gobiernos que impiden el acceso a la población civil.[191]

A día de hoy, la GHD no ha cumplido lo que se esperaba de ella. Pese a los 23 principios acordados, los donantes de la GHD únicamente han fijado 17 indicadores de rendimiento y no hay objetivos o compromisos tangibles respecto a reformas institucionales concretas. La totalidad de indicadores acordados, a excepción de uno, están enfocados hacia la canalización de la ayuda, es decir, los mecanismos de financiación empleados y a qué agencias y países se asigna, en lugar de al impacto real de las políticas y la ayuda de los donantes en las vidas de las personas afectadas. Ha habido varios intentos loables por establecer unos indicadores mejores de la GHD, y existe una iniciativa independiente, el 'Índice de Respuesta Humanitaria', para medir el rendimiento de los donantes frente a los principios de la GHD.[192] Pero es la propia GHD la que debe establecer una serie de objetivos más exhaustivos y tangibles para cumplir con su cometido.[193]

La mayoría de agencias humanitarias internacionales no ha sabido aprovechar las posibilidades que brinda la GHD ni exigir cuentas a los gobiernos donantes respecto de los compromisos adoptados.

La GHD no deja de ser un 'club' de donantes occidentales. Necesita ampliar su base de socios e involucrar a donantes humanitarios ajenos a la OCDE en temas clave como la imparcialidad, las asignaciones en base a la necesidad, y la previsibilidad y flexibilidad de la financiación. Por otra parte, muy pocos donantes no tradicionales participan en foros internacionales sobre financiación humanitaria (como puede ser el Grupo de Apoyo a Donantes de la OCHA), lo que refleja una falta de interés por ambas partes. Por este motivo, la enorme aportación 'no oficial' a la respuesta ante desastres por parte de donantes que no pertenecen al CAD no es contabilizada, en su mayor parte, por la ONU, las agencias humanitarias o los donantes occidentales.

Personal voluntario de la fundación budista taiwanesa Tzu Chi, distribuye raciones alimentarias casa por casa para las personas afectadas por el ciclón Nargis en Birmania (Myanmar) (2008).

Taiwan Buddhist Tzu Chi Foundation Malaysia

Incremento de la capacidad humanitaria

La tendencia a unos desastres cada vez más localizados hace que se precisen mayor número de actores humanitarios a nivel local. Afortunadamente, en los últimos años han ido apareciendo numerosos actores no estatales que participan en el suministro de ayuda de emergencia tanto en el ámbito internacional como local: empresas y personas privadas, partidos políticos, grupos de la sociedad civil y grupos religiosos, entre otros.

La *Malaysian Medical Relief Society* (MERCY), por ejemplo, es uno de estos nuevos actores. Fundada en 1999 como respuesta directa a la crisis en Kosovo, ha crecido rápidamente y tiene presencia ya en emergencias de Asia y África. MERCY es signataria del Código de Conducta relativo al socorro en casos de desastre para el Movimiento Internacional de la Cruz Roja y de la Media Luna Roja y las ONG, así como de las Normas de Esfera sobre Ayuda Humanitaria, además de ser miembro de la Asociación Internacional de Responsabilidad Humanitaria (HAP, en sus siglas en inglés,).[194]

Si bien MERCY Malaysia puede actuar y parecer muy similar a sus muchas homólogas occidentales, existen otras organizaciones que se están creando un espacio distinto e independiente. En Taiwán, en la otra orilla del mar de la China Meridional, se encuentra la sede central de la Fundación Tzu Chi, una organización benéfica budista que cuenta con unos ingresos anuales de unos 300 millones de dólares y 10 millones de colaboradores en todo el mundo. La Fundación ha intervenido en numerosas emergencias en toda la región. Mientras que un elevado número de ONG occidentales se vio enredado en negociaciones para poder trabajar en Birmania (Myanmar) tras el ciclón Nargis, la Fundación Tzu Chi fue una de las primeras organizaciones en proporcionar ayuda sobre el terreno.

La mayoría de agencias locales carecen de afiliación política. Los comités de Zakat,[195] por ejemplo, aportan ayuda alimentaria, ayuda médica y dinero a gran parte de la población de los Territorios Palestinos Ocupados de Gaza y Cisjordania. Durante la segunda intifada y según fuentes de la OCHA, los cuatro principales comités de Zakat aportaron ayuda alimentaria a 145.450 hogares, convirtiéndose así en el mayor donante de alimentos en los Territorios Palestinos Ocupados después de la UNRWA. Los comités de Zakat no discriminan por motivos religiosos o de afiliación política. Pese a haber sido tachados prácticamente de criminales por Israel dada su cercanía a Hamás, la población palestina no percibe a los comités de Zakat, muchos de los cuales fueron creados antes de que existieran los actuales movimientos nacionalistas, como instrumento de un partido político concreto.[196]

Pero otros muchos actores no estatales, sin embargo, sí aportan ayuda a determinados grupos religiosos, étnicos o políticos. En algunos casos será como

Activistas de un partido político islámico distribuyen alimentos, medicinas y refugios en la zona sudoccidental de Pakistán azotada por el terremoto (2008).

Banaras Khan / AFP / Getty Images

reflejo de la uniformidad de la comunidad en que trabaja una organización determinada, pero en otros casos se debe a una elección deliberada por parte de esos grupos no estatales.

Pero la solución a este problema no es tan sencilla como aleccionar a las agencias no occidentales sobre el imperativo de la imparcialidad. Las organizaciones de ayuda internacionales no podrán afrontar el crecimiento en la necesidad humanitaria a menos que colaboren con ese muy diverso grupo de agencias que ya aportan una ayuda de consideración. Y dado que el sector humanitario internacional se ha visto dominado históricamente por organizaciones occidentales, existe el riesgo de que la promoción de principios humanitarios 'universales' como la imparcialidad a la par de normas de calidad, pueda ser interpretada como un intento por imponer una serie de principios y normas occidentales a estos otros actores. Lo que realmente hace falta es que las agencias occidentales y las que no lo son trabajen juntas para crear un propósito humanitario realmente universal, persiguiendo los principios tradicionales de imparcialidad y humanidad de una manera aceptable para todas las culturas y todas las religiones.

Un ejemplo de este tipo de colaboración, que reconoce los retos puntuales a que han de enfrentarse tanto las ONG musulmanas como las que trabajan en países islámicos, es el Foro Humanitario, creado por tres ONG británicas (Ayuda Islámica, la Cruz Roja británica y Oxfam).[197] La finalidad de este foro es fomentar la colaboración entre organizaciones benéficas y humanitarias islámicas o de países islámicos, por un lado, y organizaciones benéficas y humanitarias occidentales y del sistema multilateral, por otro. El Foro aporta servicios de formación a organizaciones tanto del Norte como del Sur, facilita la creación de asociaciones y aboga por un entorno legislativo adecuado que regule las ONG religiosas y laicas en los países islámicos.

El sector privado

La acción humanitaria siempre ha dependido en cierta medida del sector privado, tanto para su financiación como para la adquisición de recursos materiales. Y las relaciones entre agencias humanitarias y el sector privado son tan diversas que resulta difícil generalizar al respecto. No se puede comparar la relación espontánea de propietarios de tiendas y pequeños empresarios de Birmania (Myanmar) tras el ciclón Nargis con las relaciones logísticas plurianuales y multimillonarias entre el Programa Mundial de Alimentos y el gigante logístico TNT, por poner un ejemplo.

Pero quizás no sea la magnitud de la colaboración la diferencia más evidente, sino el que esa colaboración sea filantrópica o comercial. En términos filantrópicos, las aportaciones del sector privado a los llamamientos humanitarios entre 1995 y 2005 aumentaron de forma significativa. En el año

TNT / WFP

Desde 2002, TNT ha sido un socio activo del Programa Mundial de Alimentos (PMA) de Naciones Unidas. Hasta la fecha, TNT ha invertido €38 millones de dólares en esta asociación, en forma de apoyo directo en las emergencias y en la formación al PMA.

2000, las empresas privadas aportaron cerca de un 13,3 por ciento de la financiación humanitaria total. En el 2005, esta proporción había aumentado hasta un 24,4 por ciento, aunque el grueso de ese incremento puede atribuirse al tsunami del Océano Índico.[198]

Además de la contribución a los llamamientos humanitarios, muchas empresas quieren compartir sus conocimientos de forma más directa mediante colaboraciones a largo plazo con agencias humanitarias a las que aportan bienes y servicios en especie. Para las empresas, estas asociaciones pueden reportar ciertas ventajas, como son una mejora de la imagen institucional, una mayor motivación de los empleados y un intercambio de información.[199] Pero la mayor ventaja sea quizás la publicidad positiva que consiguen. De hecho, las iniciativas de responsabilidad social corporativa (RSC) en el campo de la ayuda humanitaria pueden adoptarse como vía de acceso a nuevos mercados o nuevos clientes.[200] El temor a que las empresas privadas pudieran beneficiarse de actividades supuestamente humanitarias ha sido siempre tema de acalorados debates, con multitud de manifestaciones tanto a favor como en contra. Sea como fuere, las agencias humanitarias sí pueden beneficiarse enormemente de la colaboración a largo plazo con el sector privado, tanto por la obtención de mayores recursos y conocimientos como mediante la aplicación de nuevas prácticas y perspectivas. Parece que algunos actores del sector privado quisieran desempeñar algo más que una función de colaboración en las emergencias y convertirse de hecho en actores humanitarios propiamente dichos.[201] La participación directa del sector privado podría eliminar las salvaguardas que existen cuando prestan su apoyo o colaboración de manera indirecta a las agencias humanitarias, ya que los actores del sector privado suelen ofrecer ayuda sobre todo en zonas accesibles o favorables al mercado y con vistas a obtener beneficios o reconocimiento público, más que en base a la necesidad. Las actuaciones humanitarias del sector privado, a nivel tanto local, nacional e internacional, han demostrado en muchas ocasiones una falta de comprensión o de sensibilidad por las normas y los principios humanitarios.[202]

En la práctica, esta colaboración directa en las actividades humanitarias sigue siendo muy limitada y se centra por lo general en tareas de reconstrucción a gran escala y proyectos de desarrollo. Pero siempre que participen actores del sector privado en la respuesta a los desastres, es imprescindible que aquellos que contratan sus servicios exijan el cumplimiento de las normas y los principios humanitarios comúnmente aceptados, en especial el principio de imparcialidad. Queda por ver si esos principios pueden llegar a ser coherentes con un afán de lucro.

Los miembros del Consejo de Seguridad de la ONU votan tras analizar la situación en Myanmar. Sede central de Naciones Unidas en Nueva York (2007).

Eskinder Debebe / UN

Un nuevo marco humanitario

Si las personas vulnerables han de recibir una protección adecuada en un futuro incierto, la ayuda humanitaria necesita tanto los recursos adicionales como la capacidad adicional y diversa antes descrita.

Deben emplearse todos los esfuerzos posibles por fomentar y alentar flujos de ayuda humanitaria provenientes de Estados donantes no miembros de la OCDE. Todos los actores implicados deben reconocer el papel fundamental que desempeñan las organizaciones del Sur en la aportación de ayuda de emergencia. El principio de imparcialidad en el humanitarismo debe ser el centro de la actuación humanitaria. Los actores humanitarios ya establecidos, tanto occidentales como no, deben colaborar con los nuevos proveedores de ayuda para fomentar el cumplimiento de unas normas y unos principios humanitarios universales.

Las agencias humanitarias pueden verse obligadas en algún momento a tomar decisiones pragmáticas respecto al trabajo con organizaciones que ayudan de forma parcial a grupos concretos, ya sea por motivos religiosos, políticos o étnicos. Pero ello no debe ser óbice para que las agencias puedan criticar la actuación de esas organizaciones en los casos en que el hecho de proporcionar ayuda de manera parcial menoscabe el derecho a la vida y a la seguridad de aquellas personas que no la reciban.

Hemos visto, pues, que el mundo dispone de las habilidades, los conocimientos y la experiencia necesarios para salvar vidas en momentos de crisis. También disponemos de los recursos financieros y organizativos para afrontar el reto de las necesidades humanitarias del siglo XXI. En el capítulo siguiente se combinan todos estos aspectos para proponer acciones concretas que deben ponerse en marcha.

7

Construyendo un futuro más seguro

El mundo debe actuar ahora para reducir el número de personas que morirán o quedarán en la indigencia como consecuencia de las emergencias en las próximas décadas. El que así se haga depende de la voluntad política de los Estados. Y ésta depende a su vez de que las poblaciones afectadas exijan que su derecho a una vida segura impere sobre cualquier otra consideración y de que las personas de los países ricos obliguen a sus respectivos gobiernos, primero, a ser donantes más eficaces y más generosos y, segundo, a aportar fondos para la adaptación en base a su responsabilidad histórica por la emisión de gases de efecto invernadero y su capacidad económica.

Es necesario efectuar reformas fundamentales en tres vertientes clave:

1   Fomentar la responsabilidad de los Estados hacia el derecho a la vida y empoderar a las personas afectadas para que puedan reclamar ese derecho;
2   Reducir la vulnerabilidad y mitigar las amenazas a largo plazo;
3   Financiar y mejorar la asistencia internacional suministrada por donantes y agencias humanitarias de índole cada vez más diversa.

A continuación se analizan cada una de estas vertientes.

Fomentar la responsabilidad de los Estados y empoderar a las personas afectadas

El enfoque principal de los esfuerzos humanitarios a nivel global debe ser ayudar a los Estados a salvaguardar el derecho a la vida de sus ciudadanos. El riesgo creciente de emergencias localizadas exige una atención mucho mayor a la rendición de cuentas y a la respuesta local. Todas las partes deben potenciar aún más *tanto* la responsabilidad de los Estados de reducir la vulnerabilidad a largo plazo mediante una mejora de la seguridad de las personas y la aportación de ayuda esencial, *como también* la capacidad de la población de exigir a sus respectivos gobiernos, de manera más enérgica y efectiva, que así lo hagan. Para ello, en muchos casos será necesario modificar el enfoque tradicional basado en la obligación y el derecho de terceros (tales como las ONG y las Naciones Unidas) a proveer asistencia.

Prioridades de las organizaciones locales de la sociedad civil

Las disputas por las regiones de Osetia del Sur y Abjasia, en Georgia, provocaron el desplazamiento de unas 130.000 personas en agosto de 2008. Para muchos de los civiles afectados, no resultaba claro a qué ayuda tenían derecho, ni de quién la recibirían. La Asociación de Jóvenes Abogados de Georgia (GYLA) era una de las pocas organizaciones locales de la sociedad civil que participaban en las reuniones de grupos sectoriales de la ONU sobre protección de civiles:

> *Muchas de las personas desplazadas no saben cómo inscribirse, ni conocen sus derechos. Trabajamos con las autoridades gubernamentales para inscribir a todas las personas desplazadas internas [...] Estamos prestando asistencia jurídica y representación legal a las personas afectadas.*

Besarion Boxasvili (GYLA)[203]

En todo el mundo, organizaciones locales de la sociedad civil como GYLA, grupos religiosos y demás organizaciones pueden desempeñar un importante papel de mediación entre las personas afectadas y sus respectivos gobiernos. Los medios de comunicación, locales e internacionales, pueden además informar y movilizar a las personas afectadas por las emergencias y realizar un seguimiento de la respuesta del gobierno. Pero la capacitación de los ciudadanos para que puedan exigir una ayuda humanitaria esencial depende a su vez de que las organizaciones de la sociedad civil tengan capacidad para hacerlo. Dentro de las limitaciones que pudieran existir en países autoritarios o en situación de guerra, las organizaciones locales de la sociedad civil deben:

- Velar por que tanto las propias organizaciones como las personas a las que representan dispongan de la mayor información posible sobre los derechos de las personas afectadas en las emergencias, así como también por que tengan la confianza necesaria para exigir a las autoridades nacionales y locales que garanticen esos derechos;
- Conocer los instrumentos clave del Derecho Nacional e Internacional[204] relativos al derecho a la vida;
- Fortalecer su capacidad de respuesta a las emergencias.

Prioridades de los gobiernos nacionales

La mayoría de los Estados se encuentran entre los dos extremos posibles de una respuesta eficaz o una actuación perversa frente a sus ciudadanos en situaciones de emergencia. Los gobiernos deben tratar a los ciudadanos no como beneficiarios pasivos de la ayuda, sino como protagonistas activos en la aportación de ayuda de emergencia y en los esfuerzos por reducir su propia vulnerabilidad ante desastres futuros.

Los gobiernos nacionales deben:

- Adoptar medidas prácticas para potenciar su estado de preparación ante las emergencias y su capacidad de respuesta a las mismas, entre otras mediante:
  - el fortalecimiento de la capacidad de las fuerzas de protección civil nacionales y locales para responder ante los desastres, colaborando con agencias locales como las sociedades nacionales de la Cruz Roja y de la Media Luna Roja;
  - la creación de unidades nacionales de gestión de desastres que sean operativas y estén debidamente dotadas. Estas unidades se encargarían de garantizar la existencia de planes de emergencia, así como de sistemas de alerta temprana, comunicación eficaz y movilización comunitaria, a nivel nacional, regional y local;
  - el establecimiento de líneas de responsabilidad claras, garantizando que los ministerios públicos y las agencias militares correspondientes, entre otros, coordinen de manera eficaz su actuación; y
  - la promulgación de una legislación eficaz, con rendición de cuentas y enfoque de derechos, para salvaguardar el derecho a la vida en situaciones de emergencia nacional. Esta legislación debe remitir a los instrumentos principales del derecho y las costumbres internacionales en materia de ayuda humanitaria.
- Adoptar medidas proactivas para reducir la vulnerabilidad a largo plazo, entre otras abordando los riesgos derivados de los peligros medioambientales, e invirtiendo en medios de vida sostenibles (véase más abajo);
- Crear el espacio, y dar respuesta, a las peticiones y denuncias relativas a la asistencia que sean planteadas por personas afectadas por las emergencias y las organizaciones de la sociedad civil que las representan o que trabajan con ellas; y
- Otorgar la máxima prioridad a la protección de civiles, por ejemplo mediante la aportación de asistencia humanitaria en toda estrategia militar o de lucha contra la insurgencia. Para mayores detalles sobre recomendaciones concretas para la protección de civiles, ver el informe de Oxfam Internacional 'Por un mañana más seguro'.[205]

Prioridades de la acción multilateral

Los gobiernos, actuando bien de forma bilateral o a través de las organizaciones multilaterales, tienen también la obligación de apoyar a otros Estados para salvaguardar el derecho a la vida y a la seguridad, mediante presión diplomática así como mediante la aportación de ayuda financiera y asistencia técnica.

A este respecto son fundamentales las relaciones bilaterales (entre gobiernos donantes y beneficiarios, por ejemplo) y el trabajo a través de la ONU. Sin embargo, las entidades regionales, como la Unión Africana, la Asociación de Naciones del Sudeste Asiático (ASEAN) y la Comunidad para el Desarrollo del África Meridional, entre otras, jugarán un papel cada vez más importante. Muchas veces las organizaciones de este tipo estarán en mejor situación que los gobiernos donantes o la ONU, tanto para entender y responder ante problemas regionales, como para fomentar los derechos de los ciudadanos de sus Estados miembros. No obstante, a día de hoy, muchas organizaciones regionales carecen de una política clara o de la capacidad operativa necesaria para apoyar una respuesta humanitaria o medidas para la reducción del riesgo en sus Estados miembros. En los casos en que sea necesario, deben potenciar su capacidad y los acuerdos regionales para poder desempeñar ese papel.

Las propias Naciones Unidas tienen un largo camino por recorrer, ya que deben mejorar tanto su coordinación humanitaria en la mayoría de las crisis, como la contundencia de sus actividades diplomáticas y de mediación para alentar a los gobiernos a respetar los derechos de sus ciudadanos.

El Consejo de Seguridad de la ONU debe estar dispuesto a exigir el derecho a un acceso humanitario sin impedimentos ni trabas para las organizaciones humanitarias en aquellos casos en que los Estados no puedan o no quieran prestar una protección y una asistencia adecuadas a sus ciudadanos. El Consejo de Seguridad debe estar dispuesto también a actuar de manera oportuna y eficaz para presionar por medios diplomáticos a aquellos Estados (y actores no estatales) que violen la obligación de salvaguardar vidas. El Consejo debe estar dispuesto a imponer, como medida de último recurso, sanciones debidamente orientadas a aquellos estados que no ejerzan su soberanía de manera responsable, provocando con ello la muerte de civiles, ya se deliberadamente o por negligencia.

Al hacerlo así, las organizaciones multilaterales deben, evidentemente, buscar las soluciones más efectivas que redunden en la mayor protección posible del derecho a la vida de las poblaciones afectadas, sin caer en condenas inútiles de las deficiencias de un determinado gobierno. Deben reconocer que la amenaza de sanciones, y sobre todo del uso de la fuerza, puede no ser la manera más indicada de actuar. De hecho, la utilización de efectivos militares extranjeros para distribuir ayuda en estas situaciones rara vez será de utilidad. En mayo de 2008, a pesar de los esfuerzos para implementar la 'Responsabilidad de Proteger' tras el ciclón Nargis, que devastó zonas enteras de Birmania (Myanmar), ésta demostró ser una táctica inútil. El enfoque pragmático de la ASEAN, junto con otras actividades de la diplomacia internacional, consiguió al final unos resultados más positivos, aunque lejos del ideal, para las poblaciones afectadas en el delta del Irrawaddy.

La ONU debe:

- Abogar en cada país por que los gobiernos nacionales protejan el derecho a la vida y a la seguridad de sus ciudadanos en situaciones de emergencia;
- Apoyar a las personas afectadas para que exijan asistencia de sus gobiernos, poniendo a su disposición sistemas de coordinación y creando mecanismos eficaces para denunciar infracciones y abusos por parte de los actores humanitarios y obtener compensación por ellos;
- Alentar a los gobiernos nacionales a asumir un papel mayor en los sistemas de coordinación humanitaria;
- Garantizar y poder demostrar la imparcialidad de la ayuda humanitaria, manteniendo una separación clara entre la ayuda humanitaria y los objetivos políticos o militares, incluidas las misiones integradas de la ONU.

Prioridades para las agencias internacionales humanitarias

Las agencias humanitarias internacionales deben trabajar de forma más sistemática en la mejora de la capacidad de los Estados para cumplir con las responsabilidades que ostentan ante sus ciudadanos, así como también en la mejora de la capacidad de los ciudadanos para exigir que sus derechos sean respetados. Las agencias humanitarias internacionales deben:

- Trabajar con y a través de organismos gubernamentales a nivel local y nacional siempre que sea posible, para fortalecer su capacidad de respuesta a las emergencias y reducir la vulnerabilidad de las personas;
- Empoderar a las comunidades afectadas por las emergencias de manera que puedan exigir a los gobiernos, a los actores no estatales y demás entidades implicadas que cumplan con su obligación de salvar vidas y garantizar la seguridad de las personas a largo plazo. Esto abarca la creación de mecanismos que permitan a las personas afectadas por las emergencias denunciar cualquier incumplimiento, incluyendo los errores de las propias ONG internacionales;
- Aportar formación y herramientas a las organizaciones de la sociedad civil local (incluyendo organismos nacionales no gubernamentales como las sociedades de la Cruz Roja y de la Media Luna Roja) de manera que puedan responder y prepararse ante posibles emergencias, y alentar a los gobiernos a que hagan lo mismo.

Reducir la vulnerabilidad y mitigar las amenazas

Si bien es cierto que en el siglo XXI aumentarán las amenazas relacionados con el cambio climático y otros riesgos, es el grado de vulnerabilidad de las personas ante tales sucesos lo que determinará el número de muertes que se produzcan en los mismos. Se debe prestar un apoyo mucho mayor a los Estados para que emprendan actuaciones de largo plazo encaminadas a reducir los riesgos derivados de factores como la inseguridad alimentaria crónica y desastres naturales como las inundaciones, las tormentas tropicales y los terremotos.

Los gobiernos, las agencias humanitarias internacionales y la sociedad civil deben reconocer las limitaciones de la ayuda humanitaria y abordar las causas subyacentes de la vulnerabilidad humana, ya sean medioambientales, tecnológicas, políticas o económicas.

Prioridades de actuación a nivel nacional

Los gobiernos deben:

- Invertir en medios de vida sostenibles para mejorar la seguridad alimentaria y de ingresos de las personas. Los gobiernos africanos deben cumplir el compromiso adoptado en el CAADP/NEPAD[206] de destinar un 10 por ciento de sus presupuestos al desarrollo del sector agrario. Deben invertir en servicios públicos (concretamente en sistemas de abastecimiento de agua, saneamiento y servicios médicos) e infraestructuras con el fin de reducir los riesgos derivados de una salud pública deficiente;
- Emplear todos los esfuerzos posibles para llevar a cabo los compromisos adoptados en la estrategia internacional para la reducción del riesgo de desastres en Hyogo. Concretamente, deben consensuar una política para la reducción del riesgo de desastres que proporcione a las comunidades una mayor capacidad de recuperación ante las amenazas a las que se enfrentan, así como invertir en preparación, mitigación y respuesta a los desastres;
- Mejorar la planificación urbana y las políticas y prácticas medioambientales de manera que las personas que vivan en áreas vulnerables puedan acceder a viviendas más resistentes ante los desastres y que estén ubicadas en zonas menos vulnerables a factores de riesgo medioambientales;
- Actuar urgentemente para mitigar los impactos del cambio climático y financiar la adaptación allá donde esta actuación llega demasiado tarde. En base a su responsabilidad y sus capacidades, lo países ricos deben:
  - liderar el recorte en las emisiones de gases de efecto invernadero a nivel global de manera que el incremento de la temperatura media del planeta se mantenga sensiblemente por debajo de los 2º C en comparación con niveles preindustriales, y

- aportar la financiación necesaria para la adaptación internacional al cambio climático, canalizando al menos 50.000 millones de dólares anuales hacia los países pobres. Para mayores detalles, ver el Informe de Oxfam Internacional 'Abusos climáticos y derechos humanos'.[207]

Prioridades para la actuación internacional

- Donantes y agencias humanitarias deben fortalecer los vínculos entre ayuda y desarrollo, entre emergencia y reconstrucción, y entre respuestas y preparación. Los donantes deben potenciar los flujos de financiación plurianuales para mejorar su previsibilidad y sostenibilidad.

- Las agencias humanitarias deben trabajar para reducir la vulnerabilidad siempre que sea posible. Incluso cuando el mandato de estas organizaciones contemple únicamente la aportación de ayuda esencial para salvar vidas, deberán evitar la utilización de sistemas de ayuda a corto plazo, como puede ser la ayuda alimentaria en especie y así poder dar respuesta a problemas de largo plazo.

- Las agencias internacionales deben invertir activamente en capacidad y programación para la reducción del riesgo de desastres en caso de que su mandato abarque la rehabilitación y el desarrollo. Los programas para la reducción del riesgo de desastres deben integrarse en los trabajos de los gobiernos y donantes en el sur para fomentar así iniciativas de las propias comunidades. Los donantes internacionales deben incrementar significativamente la financiación para la preparación, la mitigación y la capacidad de respuesta ante desastres sin reducir, por ello, otros presupuestos de ayuda humanitaria o para el desarrollo.

- Los fondos para la adaptación al cambio climático deben ir canalizados a través de un mecanismo de la ONU para la financiación de la adaptación que se encargue de la gestión y asignación de tales fondos. Este mecanismo debe otorgar prioridad además a las perspectivas y las necesidades de las comunidades más vulnerables al cambio climático. La mejor manera de conseguir un mecanismo de este tipo, cuya administración sea competencia de las partes en la Convención Marco de las Naciones Unidas para el Cambio Climático, es mantener y reforzar el Fondo para la Adaptación.

Financiación y mejora de la asistencia internacional

La financiación total disponible para los esfuerzos globales de salvaguardar vidas en las emergencias y reducir la vulnerabilidad de las personas debe aumentar. Los donantes deben aportar ayuda humanitaria de manera imparcial y en base a las necesidades, y deben tener una mayor disposición a denunciar el abuso de la ayuda por terceros. Asimismo, deben aportar una ayuda tan puntual, eficaz, transparente y rendidora de cuentas como sea posible.

Deben aunarse todos los esfuerzos posibles por facilitar y fomentar los flujos de ayuda humanitaria de Estados donantes no tradicionales. La actuación humanitaria debe trabajar sobre un modelo más localizado si ha de responder de forma más eficaz en un mundo cambiante. Para ello se necesitarán actores humanitarios más diversos que trabajen a nivel local, regional e internacional.

Debe potenciarse el derecho a una asistencia humanitaria *de calidad*, que realmente proteja y salve vidas. Los proyectos humanitarios deben articularse en base a diagnósticos adecuados y estar mejor orientados, además de cumplir unas normas mínimas adecuadas. Deben ser más sensibles al conflicto y a la vulnerabilidad y tener más en cuenta los riesgos subyacentes. Deben rendir cuentas de sus actuaciones ante las personas cuyo derecho a la vida pretenden proteger y deben reforzar también la rendición de cuentas entre ciudadanos y Estados en situaciones de emergencia.

Prioridades para la actuación internacional

Los gobiernos donantes deben:

- Incrementar el importe de la ayuda humanitaria, tanto para cubrir el enorme déficit que existe en la actualidad como a modo de preparación ante los 375 millones de personas que se estima que en el 2015 se verán afectadas por los desastres, y las decenas de millones más por los conflictos. Para cubrir estas nuevas necesidades se necesitará una cantidad muy superior a los insuficientes 25.000 millones de dólares anuales que se proporcionan hoy. De hecho, el compromiso de incrementar la ayuda hasta los 42.000 millones de dólares anuales, cifra del todo posible si todos los gobiernos de la OCDE aportaran lo que sus diez miembros más generosos, constituiría un primer paso fundamental;
- Trabajar hacia el objetivo de aportar un 0,08 por ciento del PIB en ayuda humanitaria (como parte del compromiso de aportar un 0,7 por ciento a la AOD total). Concretamente, países como Japón, Francia, Alemania y Estados Unidos deben aportar un porcentaje de su PIB mayor del que aportan hoy;

- Velar por que los fondos para la ayuda humanitaria se asignen de manera imparcial a las distintas crisis según el grado de necesidad y no por prioridades políticas, militares o nacionales;
- Seguir apoyando e invirtiendo en fondos comunes de la ONU como hasta la fecha pero exigiendo un impacto real y patente para las comunidades afectadas;
- Velar por mantener y fomentar los sistemas bilaterales de financiación para respuestas rápidas, manteniendo la diversidad de mecanismos de financiación (en lugar de centralizar toda la financiación humanitaria a través de la ONU); y
- Ratificar y cumplir los principios de la iniciativa de la Buena Donación Humanitaria. Los donantes firmantes de la GHD deben estar dispuestos a exigir cuentas unos a otros, así como a establecer un sistema independiente de rendición de cuentas en el seno de la iniciativa. Los donantes miembros del CAD y aquellos que no lo son deben consensuar principios y normas, aplicar las buenas prácticas que vayan surgiendo, y mejorar la transparencia, la eficacia, la rendición de cuentas y la previsibilidad.

Las organizaciones humanitarias internacionales deben:

- Reafirmar sus principios de imparcialidad e independencia, velando por que sus propias actividades sean estrictamente imparciales y actuando decididamente contra los abusos de la ayuda humanitaria;
- Garantizar que la asistencia se da en base a diagnósticos de necesidades sólidos que tengan en cuenta la vulnerabilidad, utilizando criterios adecuados como las Normas Mínimas de Esfera, y exigiendo cuentas a otros signatarios;
- Velar por que tanto mujeres como hombres participan en el diseño, la orientación y la ejecución de las actividades humanitarias;
- Mejorar la rendición de cuentas y la transparencia de cara a los beneficiarios de la ayuda y las partes interesadas a nivel local, además de ante donantes y otras agencias; y
- Llevar a cabo un análisis riguroso y específico de las poblaciones a las que pretenden apoyar y velar por que los proyectos sean sensibles a vulnerabilidades concretas y al conflicto.

La ONU debe:

- Priorizar el liderazgo de la coordinación a nivel de país, agilizando sus esfuerzos por mejorar la selección y formación de los Coordinadores Humanitarios y el apoyo prestado a los mismos;
- Poner fin a la práctica de combinar las funciones de Coordinador Humanitario de la ONU con otros puestos clave, como es el de Coordinador Residente de la ONU;
- Velar por que los responsables de los grupos sectoriales (*clusters*) tengan una capacidad técnica y unas dotes de coordinación adecuadas. El Coordinador Humanitario de la ONU debe exigir cuentas a los encargados de los grupos sectoriales del país con respecto a su rendimiento.
- Velar por que se mantenga una división clara entre la gestión de las operaciones políticas y militares de mantenimiento de paz y las misiones humanitarias de la ONU, incluso en las misiones integradas. OCHA debe tener en cada país una presencia distinta e independiente de la división política de la ONU (Departamento de Asuntos Políticos) y de las misiones de mantenimiento de paz (Departamento de Operaciones de Mantenimiento de la Paz);
- Atraer a donantes humanitarios no tradicionales para su incorporación a los mecanismos de coordinación de donantes humanitarios internacionales, como el grupo de apoyo a donantes de OCHA; y
- Seguir desarrollando y mejorando mecanismos comunes de financiación como el CERF. La evaluación de estos mecanismos debe realizarse en base al impacto real y concreto que consigan en la vida de los beneficiarios. Su administración debe ser sistemática, apropiada y transparente, y deben funcionar de forma efectiva y con rendición de cuentas. Los fondos deben financiar tanto la evaluación inicial como la primera fase de la respuesta, y se debe reducir sensiblemente el tiempo que tardan en llegar los fondos desde las agencias de la ONU hasta las emergencias sobre el terreno.

Abbie Trayler-Smith / Oxfam

Evans Garcon utiliza un grifo comunitario en Cabo Haitiano, Haití. Oxfam Internacional ha trabajado con las autoridades locales para reducir los riesgos que, para la vida, entraña la combinación de pobreza urbana e inundaciones frecuentes. Dado que el suministro local de agua resulta vulnerable a la contaminación durante las inundaciones, parte del enfoque de Oxfam Internacional ha sido la protección de las fuentes locales de agua (2007).

Conclusión

Hace cinco años nuestra vida aquí era muy difícil. Ahora las cosas van mejor. Pese a las escasas lluvias, hemos construido diques alrededor de los campos. Nuestra situación ha mejorado. Hemos sembrado los campos y con ello hemos recobrado la dignidad.

Shanti Devi, Bundelkhand, India, 2008[208]

No hay nada de inevitable en un futuro donde más personas mueran y queden en la indigencia como consecuencia de desastres naturales y conflictos. En un futuro caracterizado por el cambio climático, mayores riesgos y una proliferación de desastres, el mundo aún es capaz de mitigar los riesgos y reducir la vulnerabilidad de las personas ante los mismos. Son muchos los gobiernos, las organizaciones humanitarias y las comunidades que ya lo están haciendo. Pero no son suficientes.

Todo se reduce a una cuestión de prioridades, principalmente de los gobiernos nacionales. El factor decisivo que hace que los gobiernos se decanten por proteger vidas y abordar la vulnerabilidad o no, es que el hacerlo redunde en su interés. El imperativo moral puede encontrarse en el mandamiento recogido en las principales religiones del mundo de cuidar de nuestros hermanos necesitados. El fundamento legal se asienta en los instrumentos del Derecho Internacional. Pero el que los gobiernos decidan actuar por obligación moral o legal dependerá del grado de interés que vean en ello y de la presión que sobre ellos se ejerza.

Esa presión debe provenir, sobre todo, de ciudadanos activos que exijan el respeto de sus derechos en situaciones de crisis. Debe provenir también de organizaciones locales de la sociedad civil valientes y enérgicas, actuando ante el Estado en representación de los ciudadanos, como ya sucede en muchos países, desde Indonesia hasta Malawi, y desde India hasta Georgia. Y debe emanar de personas en todo el mundo, al tomar conciencia del dramático incremento que experimentará la necesidad humanitaria y decidir que deben hacer algo por evitarlo. Para el 2015, año ya muy próximo, el aumento en las emergencias provocadas por el cambio climático afectará a un número de personas muy elevado. Pero debido a que muchas de estas nuevas crisis no serán lo suficientemente dramáticas como para captar la atención de los medios internacionales e incluso de las autoridades nacionales, existe un peligro muy real de que el mundo ni tan siquiera se dé cuenta de este inexorable crecimiento de las necesidades humanitarias, y de que millones de personas perderán sus vidas o sus medios de vida innecesariamente.

Rabeya construye un dique de barro delante de su casa como protección frente a las inundaciones en Bogra, Bangladesh. Rabeya ha sufrido numerosas inundaciones, pero afirma que las del 2007 fueron excepcionales.

Abir Abdullah / epa / Corbis

Las organizaciones humanitarias internacionales deben desempeñar un papel de enorme importancia, tanto ayudando a los gobiernos a cumplir con sus obligaciones como capacitando a la sociedad civil para exigir que así lo hagan. Deben aportar una ayuda imparcial, eficaz y con rendición de cuentas encaminada a salvar vidas. Por cuanto respecta a la rendición de cuentas y a la actuación sistemática, aún tienen mucho camino por recorrer para cumplir los niveles de calidad que tienen derecho a esperar las personas necesitadas. El sector humanitario internacional que se precisa en el mundo de hoy, y en el de mañana, debe ser un sector dispuesto a seguir mejorando, un sector unido en torno a los principios universales de imparcialidad y humanidad pero que a su vez refleje el origen cada vez más diverso en cuanto a culturas y tradiciones de las agencias humanitarias que lo conforman.

Los gobiernos de todo el mundo deben prestarse el apoyo necesario para salvar vidas suministrando una ayuda humanitaria eficaz e imparcial y financiando la adaptación. Del mismo modo, deben exigirse mutuamente la rendición de cuentas a través de organizaciones multilaterales regionales y globales. Los países ricos, incluidos los nuevos donantes no miembros de la OCDE, deben invertir mucho más en ayuda humanitaria. Se necesita una cantidad muy superior a los 25.000 millones de dólares anuales, cantidad que permitiría únicamente mantener para el 2015 el mismo nivel de ayuda a cada persona afectada, en cuanto a calidad y cantidad, que el aportado hoy. A medida que crecen las necesidades humanitarias, la cantidad necesaria para mejorar la calidad de la ayuda será mucho mayor. Esa cantidad superaría incluso los 42.000 millones de dólares que podrían alcanzarse si todos los gobiernos de la OCDE aportaran lo mismo que sus diez miembros más generosos. Incluso en tiempos económicos difíciles, son cifras que el mundo fácilmente puede permitirse. Y debe hacerlo ya para que las emergencias humanitarias del futuro no se cobren un número de víctimas aún mayor.

Ya es demasiado tarde para evitar que el siglo XXI sea un periodo de enorme necesidad humanitaria, aunque la escala de esa necesidad dependerá de la voluntad de los gobiernos y demás actores que trabajan para atajar el cambio climático y otras causas de los desastres.

Pero aún *no es* demasiado tarde para aportar una respuesta humanitaria digna y reducir el riesgo de que las personas vulnerables mueran como consecuencia de desastres futuros provocados por el cambio climático y otros factores.

El que exista o no la voluntad necesaria para ello será uno de los rasgos definitorios de nuestro siglo y dictará el que millones de personas vulnerables vivan o mueran. Este es, concretamente, el reto humanitario del siglo XXI.

Notas

1   Muchas veces las causas y el impacto de los desastres son todo menos naturales. Los desastres aparecen por la interacción de sucesos naturales (tormentas, inundaciones y sequías) con la vulnerabilidad de las personas (quiénes son, dónde viven y los medios de vida de que disponen), lo que da lugar a un riesgo: la posibilidad de perder la vida y los medios de vida. Entre otros agravantes se encuentra la mala gestión del medio ambiente, como puede ser la falta de mantenimiento de infraestructuras como presas y defensas frente a las inundaciones.

2   Para mayor información sobre esta estimación véase "Forecasting the numbers of people affected annually by natural disasters up to 2015", estudio interno de Oxfam study, Abril 2009, disponible en www.oxfam.org

3   Naciones Unidas (2007) *La reducción del riesgo de desastre: Revisión mundial 2007*, p. 25.

4   D. Smith y J. Vivekananda (2007) 'Un clima de conflicto: los vínculos entre el cambio climático, la guerra y la paz', Londres: Alerta Internacional, disponible en inglés en www.international-alert.org/climate_change.php.

5   Ver el Programa de Datos sobre Conflictos de la Universidad de Uppsala, www.pcr.uu.se/research/UCDP/index.htm (última consulta: noviembre de 2008).

6   Últimos datos disponibles. En el presente informe, las cantidades se citan en dólares estadounidenses, salvo que se indique lo contrario.

7   Respecto del rescate total a nivel de Europa, ver 'EU leaders endorse continent-wide bailout', CBS News, 15 de octubre de 2008, www.cbsnews.com/stories/2008/10/15/world/main4524028.shtml?source=RSSattr=Business_4524028 (última consulta: noviembre de 2008). Respecto del ejemplo del Hypo Real Estate, ver 'Germany clinches bank rescue deal', BBC News, 6 de octubre de 2008, http://news.bbc.co.uk/1/hi/business/7653868.stm (última consulta: noviembre de 2008). Respecto del ejemplo del Royal Bank of Scotland, ver 'UK banks receive £37bn bail-out', BBC News, 13 de octubre de 2008, http://news.bbc.co.uk/1/hi/business/7666570.stm (última consulta: noviembre de 2008).

8   Oxfam Internacional (2008) 'Haiti situation "at breaking point"', comunicado de prensa, 8 de septiembre de 2008, www.oxfamamerica.org/whatwedo/where_we_work/camexca/news_publications/the-water-started-to-rise-and-it-did-not-stop (última consulta: noviembre de 2008).

9   Misión de Estabilización de la ONU en Haití (2008) 'Gonaïves, deux semaines après le déluge!', www.reliefweb.int/rw/rwb.nsf/db900sid/RMOI-7JNJMU?OpenDocument&rc=2&cc=hti (última consulta: noviembre de 2008).

10   FICR (2007) 'El cambio climático y la Federación Internacional', nota informativa distribuida a las sociedades nacionales de la FICR.

11   S. Dercon (2004) 'Growth and shocks', *Journal of Development Economics* 74(2): 309–29.

12   Christian Aid (2007) 'Marea Humana: la verdadera crisis migratoria', Londres: Christian Aid, disponible en inglés en www.christianaid.org.uk/stoppoverty/climatechange/resources/human_tide.aspx (última consulta: noviembre de 2008).

13   Banco Asiático de Desarrollo (2004) 'Fighting Poverty in Asia and the Pacific: The Poverty Reduction Strategy of the Asian Development Bank', www.adb.org/Documents/Policies/Poverty_Reduction/mission.asp?p=policies (consultado en noviembre de 2008).

14 I. MacAuslan (2008) 'Estudio de caso de cómo se produce el cambio: Campaña en India para una Garantía Nacional de Empleo Rural', en D. Green (2008) *De la Pobreza al Poder*, Oxford: Oxfam Internacional.

15 Reuters (2008) "Vast Chile volcano ash cloud partially collapses', 13 de mayo de 2008, www.reliefweb.int/rw/rwb.nsf/db900sid/KHII-7EM89T?OpenDocument&rc=2&cc=chl (última consulta: noviembre de 2008).

16 Entrevista con Jane Beesley, Oxfam GB, marzo de 2008.

17 Entrevista con Marie Cacace, Oxfam GB, agosto de 2008.

18 *Ibid.*

19 Ban Ki-moon (2007) 'Informe del Secretario General sobre la Protección de Civiles en los Conflictos', Nueva York: Naciones Unidas, par. 34, disponible en inglés en http://domino.un.org/UNISPAL.NSF/f45643a78fcba719852560f6005987ad/f3f9e34acb1f690185257393006a5b97!OpenDocument (última consulta: noviembre de 2008).

20 Cifras obtenidas a partir de datos de los llamamientos consolidados de la ONU, ver www.humanitarianappeal.net (última consulta: noviembre de 2008).

21 Investigaciones no publicadas realizadas para el Departamento Humanitario de Oxfam GB.

22 Para mayor información sobre este proyecto, ver www.oxfam.org.uk/oxfam_in_action/impact/success_stories/bolivia_farming.html (última consulta: noviembre de 2008).

23 Ver PricewaterhouseCoopers (2007) 'Entertainment and Media Outlook 2007-11', http://www.pwc.co.uk/eng/publications/global_entertainment_and_media_outlook_2007_2011.html (última consulta: noviembre de 2008).

24 Cifras de ONU OCHA, Sistema de Control Financiero (FTS) http://ocha.unog.ch/fts2/ (última consulta:_noviembre 2008), y documentos sobre Llamamientos Consolidados de la ONU, www.humanitarianappeal.net (última consulta: noviembre 2008).

25 Oxfam Internacional (2008) 'Por un mañana más seguro: proteger a los civiles en un mundo multipolar', Oxford: Oxfam Internacional.

26 Oxfam Internacional (2008) 'Abusos climáticos y derechos humanos: las personas en el centro de las políticas sobre cambio climático', Oxford: Oxfam Internacional.

27 Se estima que el número de personas que en la actualidad se ven afectadas por las emergencias es de 272.000.000, según el Programa Futuros Humanitarios (2008) *op.cit.*

28 Ver el Programa de Datos sobre Conflictos de la Universidad de Uppsala, www.pcr.uu.se/research/UCDP/index.htm (última consulta: noviembre de 2008).

29 Comité Internacional de Rescate (2008) 'Mortality in the Democratic Republic of Congo: An Ongoing Crisis', www.theirc.org/resources/2007/2006-7_congomortalitysurvey.pdf (última consulta: noviembre de 2008). Cifra calculada en base a las 727.000 'muertes excesivas' ocurridas entre enero de 2006 y abril de 2007.

30 R. Mountain, Coordinador Humanitario de la ONU en la RDC, en el prólogo de OCHA (2006) 'Plan de Acción 2006 para la República Democrática del Congo',disponible en inglés en http://ochadms.unog.ch/quickplace/cap/main.nsf/h_Index/2006_DRC_ActionPlan/$FILE/2006_DRC_ActionPlan_SCREEN.PDF?OpenElement (última consulta: noviembre de 2008).

31 Comité Internacional de Rescate (2008) *op.cit.*

32 PNUD (2008) *Informe sobre Desarrollo Humano 2008,* Nueva York: PNUD.

33 Para detalles de las consecuencias humanitarias, ver OCHA (2008) 'Revision of the Kenya Emergency Humanitarian Response Plan 2008', http://ochaonline.un.org/humanitarianappeal/webpage.asp?Page=1662 (última consulta: noviembre de 2008). La cifra estimada de muertes está tomada de la BBC, http://news.bbc.co.uk/1/hi/in_depth/africa/2008/kenya/default.stm (última consulta: noviembre de 2008).

34 Entrevista con Jane Beesley, Oxfam GB, abril 2008.

35 Instituto de Investigación en Políticas Públicas (IPPR) (2008) 'Shared Destinies: Security in a Globalised World', informe provisional de la Comisión sobre Seguridad Nacional en el Siglo XXI del IPPR, Londres: IPPR, p. 57.

36 OCHA (2007) 'Informe de Situación N° 1. Inundaciones Tabasco', 3 de noviembre, disponible en inglés en www.reliefweb.int/rw/RWB.NSF/db900SID/RMOI-78MMQ9?OpenDocument (última consulta: noviembre de 2008).

37 Citado en el diario The Guardian (2005) 'Climate Change Disaster is Upon Us, Warns UN', 5 de octubre de 2007, www.guardian.co.uk/environment/2007/oct/05/climatechange (última consulta: noviembre de 2008).

38 C. Padmanabhan (2008) 'Embankments – or should we say entombments', The Hindu, 18 de septiembre de 2008, www.thehindu.com/2008/09/19/stories/2008091956231100.htm (última consulta: noviembre de 2008).

39 J. Guyler Delva (2008) 'Aid groups struggle after deadly storms in Haiti', Reuters AlertNet, 8 de septiembre de 2008, www.alertnet.org/thenews/newsdesk/N08483383.htm (última consulta: noviembre de 2008).

40 Oxfam (2008) 'Oxfam warns millions more Ethiopians going hungry as aid effort stalls', comunicado de prensa, www.oxfam.org.uk/applications/blogs/pressoffice/?p=1834 (última consulta: noviembre de 2008).

41 Para mayor información sobre esta estimación véase "Forecasting the numbers of people affected annually by natural disasters up to 2015", estudio interno de Oxfam study, Abril 2009, disponible en www.oxfam.org.

42 D. Maxwell, P. Webb, J. Coates y J. Wirth (2008) 'Rethinking Food Security in Humanitarian Response', documento presentado en el Foro sobre Seguridad Alimentaria celebrado en Roma del 16 al 18 de abril de 2008.

43 Entrevista con Nicki Bennett, Oxfam GB, enero de 2008.

44 Centro Pew sobre Cambio Climático Global (2008) 'Hurricanes and Global Warming FAQs', www.pewclimate.org/hurricanes.cfm#2008 (última consulta: noviembre de 2008).

45 Panel Intergubernamental de Expertos sobre Cambio Climático (2007) 'Cuarto Informe de Evaluación' (Informe de Síntesis),disponible en inglés en www.ipcc.ch/ipccreports/ar4-syr.htm (última consulta: noviembre de 2008), p. 46.

46 P.M. Cox, R.A. Betts, C.D. Jones, S.A. Spall y I.J. Totterdell (2000) 'Acceleration of global warming due to carbon-cycle feedbacks in a coupled climate model', Nature 408: 184–7.

47 Naciones Unidas (2007) 'Disaster Risk Reduction Global Review', p. 19 (utilizando datos de la base de datos EM-DAT del Centro de Investigaciones sobre la Epidemiología de los Desastres (CRED)).

48 Ibid., p. 25

49 Ibid., pp. 18–28.

50 D. Smith y J. Vivekananda (2007) op.cit.

51   Ban Ki-moon (2007) 'A Climate Culprit in Darfur', the *Washington Post*, 16 de junio de 2007, www.washingtonpost.com/wp-dyn/content/article/2007/06/15/AR2007061501857.html (consultado en noviembre de 2008).

52   Entrevista con Jane Beesley, Oxfam GB, agosto de 2007.

53   Naciones Unidas (2007) *op.cit.*, pp. 19, 21.

54   FICR (2007) *op.cit.*

55   Oxfam Internacional (2008) 'Rethinking Disasters', Nueva Delhi: Oxfam Internacional, www.oxfam.org.uk/resources/policy/conflict_disasters/oxfam_india_rethinking_disasters.h tml (última consulta: noviembre de 2008), p. 3.

56   Elijah Cummings, congresista de EEU, citado en la BBC (2005) 'Hurricane prompts awkward questions', 4 de septiembre, http://news.bbc.co.uk/2/hi/americas/4210648.stm (última consulta: noviembre de 2008).

57   Entrevista con Jane Beesley, Oxfam GB, junio de 2007.

58   IRIN (2007) 'Tomorrow's Crisis Today', informe en profundidad de IRIN, www.irinnews.org/InDepthMain.aspx?InDepthId=63&ReportId=73996 (última consulta: noviembre de 2008).

59   *Ibid.*

60   A. Giridharadas (2005) 'Flood toll near 900 in Indian Monsoon', *International Herald Tribune*, 30 de julio, www.iht.com/articles/2005/07/29/news/india.php (última consulta: noviembre de 2008).

61   P. Kapadia (2005) 'Mumbai's looming ecological disaster', BBC News, 2 de agosto, http://news.bbc.co.uk/1/hi/world/south_asia/4737153.stm (última consulta: noviembre de 2008).

62   D. Satterthwaite, S. Huq, H. Reid, M. Pelling y P. Romero Lankao (2007) 'Adapting to Climate Change in Urban Areas', Londres: IIED.

63   Encuesta sobre Armas Ligeras (2007) *Small Arms Survey 2007: Arms and the City*, Cambridge: Cambridge University Press, p. 161.

64   O. Ryan (2008) 'Food riots grip Haiti', *The Guardian*, 9 de abril, www.guardian.co.uk/world/2008/apr/09/11 (última consulta: noviembre de 2008).

65   Oxfam (2004) 'Ethiopia Food Security Assessment', documento interno no publicado.

66   Entrevista con Jane Beesley, Oxfam GB, julio de 2003.

67   FAO (2008) 'Informe: El hambre aumenta', 17 de septiembre, disponible en inglés en www.fao.org/newsroom/common/ecg/1000923/en/hungerfigs.pdf (última consulta: noviembre de 2008).

68   'India Child Malnourishment Rates Worse than Africa', 21 de febrero de 2007, de la 'Encuesta Nacional de Salud de la Familia' del Ministerio de Salud de la India, enero de 2007.

69   Oxfam Internacional (2006) 'Las causas del hambre: una perspectiva de la crisis alimentaria en África', Oxford: Oxfam Internacional, disponible en inglés en www.oxfam.org.uk/resources/policy/conflict_disasters/downloads/bp91_hunger.pdf (última consulta: febrero de 2008).

70   Entrevista con Jane Beesley, Oxfam GB, enero de 2004.

71   ACNUR (2008) 'Tendencias Globales: Personas refugiadas, solicitantes de asilo, retornados, desplazados internos y apátridas', www.unhcr.org/statistics/STATISTICS/4852366f2.pdf (última consulta: noviembre de 2008).

72   N. Myers (2005) 'Environmental Refugees: an Emergent Security Issue', documento para el XXIII Foro Económico, Organización para la Seguridad y la Cooperación en Europa, Praga, 23 a 27 de mayo, www.osce.org/documents/eea/2005/05/14488_en.pdf (last accessed February 2008).

73   Para ver un desglose detallado de los tipos de factores 'motores' de población que contribuyen a alcanzar la cifra de mil millones, consultar Christian Aid (2007) *op.cit.*

74   Entrevista con Jane Beesley, Oxfam GB, marzo de 2008.

75   Ver también R.J. Hardcastle y A.T.L. Chua (1998) 'Asistencia humanitaria: hacia el derecho de tener acceso a las víctimas de desastres naturales', *Revista Internacional de la Cruz Roja* 325: 589–609, disponible en inglés en www.icrc.org/web/eng/siteeng0.nsf/html/57JPJD (última consulta: noviembre de 2008). Ver concretamente la nota 47.

76   Artículo 3: 'Todo individuo tiene derecho a la vida, a la libertad y a la seguridad de su persona.' Ver la Declaración Universal de los Derechos Humanos, res. 217A (III) de la A.G., (1948).

77   Preámbulo de la Declaración Universal de los Derechos Humanos.

78   R. Stoffels (2004) 'La regulación jurídica de la asistencia humanitaria en los conflictos armados: logros y lagunas', *International Review of the Red Cross* 855: 517.

79   *Ibid.*

80   Protocolo adicional a los Convenios de Ginebra del 12 de agosto de 1949 relativo a la protección de las víctimas de los conflictos armados internacionales (Protocolo I), 8 de junio de 1977 Artículo 70(1).

81   J.M. Henckaerts y L. Doswald-Beck (2005) *Customary International Humanitarian Law*, Cambridge: Cambridge University Press.

82   La Corte Penal Internacional fallado que la 'creación de una crisis humanitaria' ligada a crímenes de terror y transferencias forzosas, *en conjunto* deben ser considerados crímenes contra la humanidad bajo la calificación de 'acciones inhumanas y persecución' – Fiscal v. Radislav Krstic (Fallo judicial) [2001] IT-98-33, para 615.

83   Entrevista con Jane Beesley, Oxfam GB, marzo de 2008.

84   K. Haver (2008) 'Asentamientos invisibles: Mejora de la respuesta al desplazamiento en la República Democrática del Congo ayudando a las familias de acogida', Informe de Oxfam Internacional, Oxford: Oxfam Internacional.

85   K. Savage y P. Harvey (2007) 'Remittances During Crises: Implications for Humanitarian Response', Informe No. 26 del Grupo de Política Humanitaria, Londres: Overseas Development Institute.

86   FICR (2008) 'Red Crescent Society of Kyrgyzstan first to respond to quake survivors', comunicado de prensa, 7 de octubre, www.ifrc.org/docs/news/08/08100701/ (última consulta: noviembre de 2008).

87   La resolución 43/131 de 1989 de la Asamblea General afirma que 'incumbe en primer lugar a cada Estado asistir a las víctimas de desastres naturales y otras situaciones de emergencia similares que se produzcan en su territorio'.

88   B. Kendall (2008) 'Can disasters shape history?', BBC News, 5 de junio, http://news.bbc.co.uk/1/hi/world/7436510.stm (última consulta: noviembre de 2008).

89   *Ibid.*

90   CBS News (2005) 'Poll: Katrina response inadequate', www.cbsnews.com/stories/2005/09/08/opinion/polls/main824591.shtml (última consulta: noviembre de 2008).

91   CBS News (2008) 'CBS Poll: Public Backs GOP's Gustav Change', www.cbsnews.com/stories/2008/09/02/opinion/polls/main4408967.shtml (última consulta: noviembre de 2008).

92   D. Green (2008) *De la pobreza al poder: Cómo pueden cambiar el mundo ciudadanos activos y Estados eficaces*, Oxford: Oxfam Internacional.

93   UNDRO (1992) *Directory of National Emergency Response Offices, Disaster Emergency Plans and Legislation, and Regional and Sub-Regional Agreements for Disaster Assistance*, Nueva York: UNDRO. En el directorio figuran las legislaciones de 64 países.

94   Reuters (2008) 'Vast Chile volcano ash cloud partially collapses', Reuters, 13 de mayo, www.reliefweb.int/rw/rwb.nsf/db900sid/KHII-7EM89T?OpenDocument&rc=2&cc=chl (última consulta: noviembre de 2008).

95   Citado en M. Thompson y I. Gaviria (2004) 'CUBA - Superando la tormenta: lecciones de reducción de riesgo en Cuba, un informe de Oxfam América', Boston: Oxfam América.

96   J. Bevan (2002) 'National Hurricane Center Tropical Cyclone Report: Hurricane Michelle, 29 October–5 November 2001', www.nhc.noaa.gov/2001michelle.html (última consulta: noviembre de 2008).

97   I. MacAuslan (2008) *op.cit.*

98   Oxfam Internacional (2008) 'Abusos climáticos y derechos humanos', *op.cit.*

99   Oxfam Internacional (2007) 'Adaptarse al cambio climático: Qué necesitan los países pobres y quién debería pagarlo', Oxford: Oxfam Internacional.

100   J. Dreze y C. Oldiges (2007) 'Commendable Act', *Frontline* 24 (14).

101   'NREGA: Dismantling the contractor raj', *The Hindu,* 20 de noviembre de 2007, www.hindu.com/2007/11/20/stories/2007112056181000.htm (última consulta: noviembre de 2008).

102   'The real radicalism of NREGA', *The Hindu,* 22 de mayo de 2008, www.hindu.com/2008/05/22/stories/2008052253871000.htm (última consulta: noviembre de 2008).

103   Entrevista con Jane Beesley, Oxfam GB, marzo de 2008.

104   Unidad de Inteligencia de "The Economist" (2007) 'Dominican Republic Politics: Disaster Strikes', 6 de noviembre, www.viewswire.com/index.asp?layout=VWArticleVW3&article_id=162750801&region_id=&country_id=920000292&channel_id=210004021&category_id=500004050&refm=vwCat&page_title=Article&rf=0 (última consulta: noviembre de 2008).

105   Ban Ki-moon (2007) 'Informe del Secretario General sobre la Protección de Civiles en los Conflictos', *op.cit.*

106   OCHA (2008), 'Informe de situación humanitaria en Gaza', 17 de noviembre de 2008, disponible en inglés en http://www.ochaopt.org/documents/ocha_opt_gaza_situation_report_2008_11_17.pdf (última consulta: diciembre de 2008)

Respecto a dinero por trabajo, ver Financial Times (2008), 'Banks in Gaza shut as Israel chokes cash flow', Financial Times, 6 de diciembre de 2008, http://www.ft.com/cms/s/0/33548be2-c33a-11dd-a5ae-000077b07658.html (última consulta: diciembre de 2008)

107 OCHA (2008) *El Observatorio Humanitario,* Número 29, septiembre de 2008, disponible en inglés en www.ochaopt.org/?module=displaysection&section_id=118&static=0&edition_id=&format =html (última consulta: noviembre de 2008).

108 ONU OCHA Sistema de Control Financiero (FTS), http://ocha.unog.ch/fts2/ (última consulta: noviembre de 2008).

109 Entrevista con Jane Beesley, Oxfam GB, enero de 2004.

110 Proyecto Esfera (2004) *Manual Esfera: Carta Humanitaria y Normas Mínimas de Respuesta Humanitaria en Casos de Desastre,* Oxford: Oxfam Internacional.

111 Ejemplo tomado de experiencias propias del autor.

112 Ver también J. Darcy y C.A. Hoffmann (2003) 'According to Need?', Grupo de Política Humanitaria, Informe 15, Londres: Overseas Development Institute, p. 5.

113 IASC (2006) *Mujeres, niñas, niños y hombres:igualdad de oportunidades para necesidades diferentes,* Nueva York: IASC, p. 3.

114 T. Schümer (2007) *New Humanitarianism: Britain and Sierra Leone 1997–2003,* Londres: Palgrave.

115 A. Stoddard, A. Harmer, K. Haver, D. Salomons y V. Wheeler (2007) 'Cluster Approach Evaluation: Final Draft', Geneva: IASC, p. 5.

116 C. Adinolfi, D.S. Bassiouni, H. Lauritzsen y H.R. Williams (2005) *Humanitarian Response Review,* Nueva York: Naciones Unidas

117 *Ibid.*

118 *Ibid.*

119 En 1994, el Presidente del Comité Permanente Interagencias de la ONU destacó la necesidad de '… [crear] una reserva de candidatos con el perfil adecuado para servir como Coordinador Humanitario con escaso preaviso y para un periodo determinado' (VIII Sesión del IASC, 27 de junio de 1994). Para mayor información, ver www.icva.ch/doc00001438.html (última consulta: noviembre de 2008).

120 G. Thomas (2008) 'Humanitarian Reform', Discurso de Gareth Thomas, Secretario de Estado para el Desarrollo en el Reino Unido, www.dfid.gov.uk/news/files/Speeches/gareth-humanitarian-reform.asp (última consulta: noviembre de 2008).

121 Ver el sitio *web* de la Reforma Humanitaria, www.humanitarianreform.org (última consulta: noviembre de 2008).

122 S. Graves, V. Wheeler y E. Martin (2007) 'Lost in Translation: Managing Coordination and Leadership Reform in the Humanitarian System', Informe Núm. 27 del Grupo de Política Humanitaria, Londres: Overseas Development Institute, p. 2.

123 A. Donini, L. Fast, G. Hansen, S. Harris, L. Minear, T. Mowjee y A. Wilder (2008) 'The State of the Humanitarian Enterprise', informe final de Agenda Humanitaria: 2015, p. 13.

124 Entrevista con Jane Beesley, Oxfam GB, marzo de 2008.

125 *Ibid.*

126 Grupo de Política Humanitaria (2008) 'Humanitarian Action in Iraq: Putting the Pieces Together', Informe Núm. 30 del Grupo de Política Humanitaria, Londres: Overseas Development Institute.

127 Grupo de Política Humanitaria (HPG) (2006) 'Providing Aid in Insecure Environments: Trends in Policy and Operations', Informe Núm. 24 del HPG, Londres: Overseas Development Institute, p. 3.

128 H. Slim (2007) *Killing Civilians: Method, Madness and Morality in War*, Colombia: Hurst C & Co.

129 Grupo de Política Humanitaria (2008) *op.cit.*

130 G. Hansen (2007) 'Coming to Terms with the Humanitarian Imperative in Iraq, Humanitarian Agenda 2015', Informe, Feinstein International Center, Universidad de Tufts, p. 9.

131 Departamento de Seguridad de la ONU.

132 Por ejemplo, 'Directrices sobre el Uso de recursos de defensa militares y civiles para las operaciones de socorro en casos de desastre (Directrices de Oslo)' (en inglés), http://ochaonline.un.org/AboutOCHA/Organigramme/EmergencyServicesBranchESB/Civ ilMilitaryCoordinationSection/PolicyGuidanceandPublications/tabid/1403/language/en-US/Default.aspx (última consulta: noviembre de 2008).

133 Comité de Ayuda al Desarrollo (1998) 'Medios civiles y militares de proporcionar y apoyar la ayuda humanitaria durante un conflicto', Serie Conflictos CAD/OCDE, París, disponible en inglés en www.oecd.org/dataoecd/17/3/1886558.pdf (última consulta: noviembre de 2008).

134 Para un análisis detallado del humanitarismo militar y la postura de Oxfam, ver Oxfam Internacional (2007) 'Posición de Oxfam Internacional en relación a la provisión de ayuda humanitaria por fuerzas militares', Oxford: Oxfam Internacional, disponible en inglés en www.oxfam.org.uk/resources/policy/conflict_disasters/downloads/oi_hum_policy_aid_milit ary.pdf (última consulta: febrero de 2008).

135 North Kivu Protection Cluster (2007) 'Urgent Need to Protect the Population in North Kivu, in the Context of Renewed Conflict and Diminishing Coping Capacities', Goma: NKPC.

136 M. Anderson (1999) *Do No Harm: How Aid Can Support Peace – or War*, Boulder: Lynne Rienner; y T. Paffenholz y L. Reychler (2007) *Aid for Peace: A Guide to Planning and Evaluation for Conflict Zones*, Baden Baden: Nomos.

137 VOICE (2002) *Improving the Quality of Humanitarian Aid in Conflict Situations: Training for Good Practice*, Bruselas: VOICE, p. 7.

138 L. Minear (2005) 'Lessons learned: the Darfur experience', en J. Mitchell, I. Christoplos, L. Minear y P. Wiles, *ALNAP Review of Humanitarian Action in 2004*, Londres: Overseas Development Institute, pp. 111–12; y H. Young , A. Monim Osman, Y. Aklilu, R. Dale y B. Badri (2005) 'Darfur 2005 Livelihoods Under Siege', Medford: Feinstien International Famine Center, Universidad de Tufts, p. 130.

139 Africa Peace Forum, Centre for Conflict Resolution, Consorcio de Agencias Humanitarias, Forum for Early Warning and Early Response, Saferworld y Alerta Internacional (2004) 'Chapter 5: Institutional Capacity Building for Conflict Sensitivity', en *Conflict-Sensitive Approaches to Development, Humanitarian Assistance and Peacebuilding: A Resource Pack*, Londres: Africa Peace Forum *et al.*, p. 2.

140 Ver también M. Lange (2004) *Building Institutional Capacity for Conflict-Sensitive Practice: The Case of International NGOs*, Londres: Alerta Internacional; y Africa Peace Forum *et al.* (2004), *op.cit.*

141   Discusiones del grupo de interés, grupo de mujeres, campamento de Sithamparapuram (24 de abril de 2002) en J. Boyden, T. Kaiser y S. Springett (2002) 'The case study of Sri Lanka', para *ALNAP Global Study on Consultation and Participation of Disaster-affected Populations*, Londres: Overseas Development Institute.

142   Mango (sin fecha) 'Top Tips on Reporting to Beneficiaries', www.mango.org.uk/guide (última consulta: noviembre de 2008).

143   ACNUR (2002) 'Violencia y explotación sexual: La experiencia de los niños refugiados en Guinea', Ginebra: ACNUR.

144   Oxfam (2006) 'Lessons Learnt in Preventing Sexual Exploitation and Abuse in Programme Delivery', documento interno, agosto.

145   *Ibid.*

146   SARPN, Concern y Oxfam (2008) 'Strengthening responses to the triple threat in the Southern Africa region – learning from field programmes in Malawi, Mozambique and Zambia', www.reliefweb.int/rw/rwb.nsf/db900SID/KHII-6RP9WD?OpenDocument (última consulta: noviembre de 2008), p. 4.

147   Oxfam (2003) 'Northern Uganda Humanitarian Strategy 2003–5', Kampala: Oxfam GB, sin publicar. Ver también S. Addison (2008) 'Humanitarian space in a fragile state', *Forced Migration Review* 30: 69.

148   Entrevista con Jane Beesley, Oxfam GB, abril de 2007.

149   *Ibid.*

150   ACNUR (2005) 'Ogata calls for stronger political will to solve refugee crises', 27 May, www.unhcr.org/cgi-bin/texis/vtx/print?tbl=NEWS&id=4297406a2 (última consulta: noviembre de 2008).

151   Cifras de IFPRI citadas en la *web de* Reuter's AlertNet, http://lite.alertnet.org/printable.htm?URL=/db/crisisprofiles/AF_HUN.htm&v=at_a_glance (última consulta: noviembre de 2008).

152   UNICEF (2006) *Progreso para la Infancia: Un balance sobre la nutrición, Núm. 4,* Nueva York: UNICEF, p. 6.

153   Programa Mundial de Alimentos (2008) 'Cómo combatimos el hambre', www.wfp.org/aboutwfp/introduction/hunger_fight.asp?section=1&sub_section=1 (última consulta: noviembre de 2008).

154   G. Ellerts (2006) 'Niger 2005: not a famine, but something much worse', *Humanitarian Exchange Magazine* 33.

155   Las donaciones para alimentos han representado el grueso de los compromisos hechos a los llamamientos consolidados (CAP), alcanzando la cifra de 12.200 millones de dólares (un 54 por ciento) de los 22.600 millones de dólares comprometidos a los CAP desde el año 2000. No sólo constituyen los alimentos el sector mayoritario con mucho, sino también el sector que mayor ayuda recibe en relación a lo solicitado. Development Initiatives (2008) 'Global Humanitarian Assistance 2007/2008', Wells: Development Initiatives.

156   Ver Oxfam Internacional (2005) '¿Ayuda alimenticia o dumping bajo cuerda?', Informe 71 de Oxfam, Oxford: Oxfam Internacional.

157   'Compras para el Progreso', propuesta del PMA a la Fundación Bill y Melinda Gates, 2008.

158   Ver 'Billions "wasted" by aid system', BBC News, 18 de septiembre de 2008, http://news.bbc.co.uk/1/hi/world/7622275.stm (última consulta: noviembre de 2008).

159 Oxfam Internacional (2008) 'La hora de la verdad: Qué deben hacer los líderes mundiales frente a la crisis de precios de los alimentos', Informe de Oxfam Internacional, Oxford: Oxfam Internacional.

160 R. Slater, S. Ashley, M. Tefera, M. Buta y D. Esubalew (2006) 'PSNP Policy, Programme and Institutional Linkages', ODI/IDL Group/Indak.

161 El Marco para la Acción de Hyogo establece tres objetivos estratégicos clave para la reducción del riesgo de desastres: (1) La integración de la reducción del riesgo de desastres en las políticas y la planificación para el desarrollo sostenibles; (2) El desarrollo y fortalecimiento de instituciones, mecanismos y capacidades para fomentar la resiliencia ante los riesgos; y (3) La incorporación sistemática de enfoques para la reducción de riesgos en la ejecución de programas de preparación, respuesta y recuperación ante las emergencias. Ver www.unisdr.org/wcdr/intergover/official-doc/L-docs/Hyogo-framework-for-action-english.pdf (última consulta: noviembre de 2008).

162 Para mayor información sobre la magnitud de la emergencia, ver ECHO (2007) 'Emergency Humanitarian Aid in Favour of the Population of Bolivia Affected by the El Niño Phenomenon', Emergency Humanitarian Aid Decision, 15 de marzo, www.reliefweb.int/rw/rwb.nsf/db900sid/DHRV-6ZW9VZ?OpenDocument (última consulta: noviembre de 2008).

163 Para mayor información sobre el proyecto, ver www.oxfam.org.uk/oxfam_in_action/impact/success_stories/bolivia_farming.html (última consulta: noviembre de 2008).

164 Entrevista con Ravindranath, Director del Centro de Voluntariado Rural de Assam, 12 de febrero de 2007, Kolkata, en Oxfam International (2008) 'Rethinking Disasters', op.cit., p. 20.

165 Development Initiatives (2008) op.cit.

166 Ver PricewaterhouseCoopers (2007) op. cit.

167 Instituto Internacional de Estocolmo de Investigación para la Paz (2008) SIPRI Yearbook 2008, Oxford: Oxford University Press.

168 Development Initiatives (2008) op.cit., p. 2.

169 N. Bennett (2008) 'No Way Home', 14 de abril, http://kristof.blogs.nytimes.com/author/nbennett (última consulta: noviembre de 2008).

170 Ordenados según el gasto en ayuda humanitaria 'per cápita' son: Luxemburgo, Noruega, Suecia, Dinamarca, Países Bajos, Irlanda, Suiza, Finlandia, Reino Unido y Bélgica.

171 Development Initiatives (2008) op cit.

172 Ibid., p. 14.

173 Ver OCDE/CAD (2008) 'Survey of Aid Allocation Policies and Indicative Forward Spending Plans', www.oecd.org/dac/scalingup (última consulta: noviembre de 2008).

174 K. Haver (2007) 'Diversity in Donorship: Field Lessons', Grupo de Política Humanitaria, Londres: Overseas Development Institute.

175 L. Cotterrell y A. Harmer (2005) 'Diversity in Donorship: the Changing Landscape of Humanitarian Aid', Grupo de Política Humanitaria, Londres: Overseas Development Institute.

176 Turquía y Corea del Sur son miembros de la OCDE pero no del CAD.

177 Cifras de ONU OCHA Sistema de Control Financiero (FTS), http://ocha.unog.ch/fts2 (última consulta: noviembre de 2008).

178 E. El-Hokayem (2008) 'The Arab Gulf States: Wealth in the Service of Humanitarianism and Status', informe no publicado, preparado para Oxfam América.

179 ONU OCHA Sistema de Control Financiero (FTS), *op.cit.*

180 Oxfam Internacional (2008) 'After the Cyclone: Lessons from a Disaster', Nota Informativa de Oxfam Internacional, Oxford: Oxfam Internacional.

181 Cifras de ONU OCHA, Sistema de Control Financiero (FTS), *op.cit.* y documentos sobre Llamamientos Consolidados de la ONU, www.humanitarianappeal.net (última consulta: noviembre de 2008).

182 ONU OCHA Sistema de Control Financiero (FTS), *op.cit.*

183 B. Willits-King, T. Mowjee y J. Barham (2007) 'Evaluation of Common/Pooled Humanitarian Funds in DRC and Sudan', informe para la sección de Evaluación y Estudios de OCHA (OCHA ESS), http://ochaonline.un.org/OchaLinkClick.aspx?link=ocha&docId=1088368 (última consulta: noviembre de 2008), p. 3.

184 N. Bennett (2007) 'Impact of Humanitarian Reform Mechanisms in the Democratic Republic of Congo (DRC)', informe no publicado, preparado para Oxfam GB, www.humanitarianreform.org/humanitarianreform/Portals/1/H%20Coordinators/HC%20re treat/Day%201/OXFAM%20DRC%20discussion%20paper.doc (última consulta: noviembre de 2008).

185 *Ibid.*, p. 3.

186 B. Willits-King *et al.* (2007) *op.cit.*

187 Oxfam Internacional (2007) 'El Fondo Central para Emergencias de Naciones Unidas: un año después', Informe 100 de Oxfam, Oxford: Oxfam Internacional, pp. 2–4.

188 N. Bennett (2007) *op.cit.*, p. 8.

189 J. Macrae, S. Collinson, M. Buchanan-Smith, N. Reindorp, A. Schmidt, T. Mowjee y A. Harmer (2002) 'Uncertain Power: The Changing Role of Official Donors in Humanitarian Action', Informe 12 del Grupo de Política Humanitaria, Londres: Overseas Development Institute.

190 'Principios y Buenas Prácticas en la Donación Humanitaria', aprobados en Estocolmo el 17 de junio de 2003 por Alemania, Australia, Bélgica, Canadá, la Comisión Europea, Dinamarca, Estados Unidos, Finlandia, Francia, Irlanda, Japón, Luxemburgo, Noruega, Países Bajos, Reino Unido, Suecia y Suiza, www.goodhumanitariandonorship.org (última consulta: noviembre de 2008).

191 S. Graves y V. Wheeler (2006) 'Good Humanitarian Donorship: Overcoming Obstacles to Improved Collective Performance', Documento de trabajo del Grupo de Política Humanitaria, Londres: Overseas Development Institute, p. 3.

192 S. Hidalgo y A. Lopez-Claros (2008) *The Humanitarian Response Index 2007*, Londres: Palgrave.

193 S. Graves y V. Wheeler (2006) *op.cit.*, pp. 12–14.

194 Para mayor información, ver el sitio *web* de MERCY Malaysia, www.mercy.org.my (última consulta: noviembre de 2008).

195 El *Zakat* es una donación monetaria obligatoria (equivalente a un 2,5% de los bienes de cada uno, exceptuando la vivienda y los recursos necesarios para trabajar) que deben realizar anualmente los musulmanes.

196 J. Benthall (2008) 'The Palestinian Zakat Committees', documento para Oxfam América, no publicado.

197 Ver www.humanitarianforum.org (última consulta: noviembre de 2008).

198 L. Altinger y V. Tortella (2007) 'The Private Financing of Humanitarian Action, 1995–2005', Informe del Grupo de Política Humanitaria, Londres: Overseas Development Institute, www.odi.org.uk/hpg/papers/hpgbgpaper_monitoringtrends2.pdf (última consulta: noviembre de 2008).

199 Ver TNT (2008) 'What's in it for TNT?', www.movingtheworld.org/what039s_it_tnt (última consulta: noviembre de 2008).

200 A. Binder y J. Martin Witte (2007) 'Business Engagement in Humanitarian Relief: Key Trends and Policy Implications', Documento del Grupo de Política Humanitaria, Londres: Overseas Development Institute, www.odi.org.uk/hpg/papers/hpgbgpaper_monitoringtrends1.pdf (última consulta: noviembre de 2008).

201 Ver, por ejemplo, R. Kent y J. Ratcliffe (2008) 'Responding to Catastrophes: U.S. Innovation in a Vulnerable World', Washington, DC: Centro de Estudios Estratégicos e Internacionales (CSIS), p. 21.

202 Para un análisis más detallado del sector empresarial como actor humanitario, ver Oxfam Internacional (2007) 'Posición de Oxfam Internacional en relación al sector humanitario y la acción humanitaria', Oxford: Oxfam Internacional, disponible en inglés en www.oxfam.org.uk/resources/policy/conflict_disasters/downloads/oi_hum_policy_private_sector.pdf (última consulta: noviembre de 2008).

203 Entrevista con Marie Cacace, Oxfam GB, agosto de 2008.

204 Se incluyen las Convenciones de Ginebra, las Convenciones de la ONU sobre Derechos Humanos, la Convención sobre los Refugiados de la ONU, el Código de conducta de la Cruz Roja, los Principios Rectores de los Desplazamientos Internos de OCHA y las Directrices Operativas del IASC en materia de Derechos Humanos y Desastres Naturales.

205 Oxfam International (2008) 'Por un mañana más seguro', op.cit.

206 El Programa general para el desarrollo de la agricultura en África (CAADP) de la Nueva Asociación para el Desarrollo de África (NEPAD) es un proceso dirigido por la Unión Africana, que surge de la población africana y cuya finalidad es abordar los problemas que se presentan para el crecimiento del sector agrario. Ver www.nepad.org/2005/files/home.php (última consulta: noviembre de 2008).

207 Oxfam Internacional (2008) 'Abusos climáticos y derechos humanos', op.cit.

208 Oxfam Internacional (2008) 'Rethinking Disasters', op.cit.

Indice de materias

Nota: Las siglas que aparecen entre paréntesis reflejan los nombres dados en inglés. Los números de página *en cursiva* seguidos por f o b reflejan datos que se encuentran dentro de las figuras o las materias encajadas respectivamente.